Heinz Risel

# Rechtschreibstunden in der Grundschule

Ein Ratgeber mit Sachanalysen, didaktischen Kommentaren, Unterrichtsvorschlägen und 41 Kopiervorlagen

Auer Verlag GmbH

# Inhaltsverzeichnis




Gedruckt auf umweltbewusst gefertigtem, chlorfrei gebleichtem
und alterungsbeständigem Papier.

1. Auflage. 2004
Nach der Neuregelung der deutschen Rechtschreibung



Illustrationen: Emily Risel
Satz: Fotosatz H. Buck, Kumhausen
Druck und Bindung: Ludwig Auer GmbH, Donauwörth
ISBN: 3-403-0**4038**-0

# 0 Einleitung

Wer täglich unterrichten muss, weiß, dass Rechtschreiblernen nicht *nur* „nebenbei“ beim Schreiben von Texten, beim Abschreiben oder beim Lesen stattfinden kann. Rechtschreiben lernen Kinder wesentlich auch durch gezielten Rechtschreibunterricht und durch das Nachdenken über ihre Schreibungen. Leider ist beides keine Garantie für zureichendes Rechtschreibkönnen.
Das vorliegende Buch will Hilfen für solchen Rechtschreibunterricht anbieten, der auf Sprachdenken setzt, der Kinder als neugierige Sprachentdecker betrachtet und nicht als zu Beschäftigende, denen wir das Ziel ihrer unterrichtlichen Tätigkeit nicht bewusst machen könnten. Es will die Suche nach sprachwissenschaftlicher Information für die jeweilige Rechtschreibstunde erleichtern – bei der Analyse von Rechtschreibfällen, aber auch hinsichtlich didaktischer Ausführungen. Insofern richtet sich das Buch an praktizierende Lehrerinnen und Lehrer und an Studierende des Lehramts, nicht in erster Linie an den Wissenschaftsbetrieb. Dennoch soll der Spagat versucht werden, wissenschaftliche Erkenntnisse für eine anspruchsvolle Praxis nutzbar zu machen. Bislang steht eine unterrichtspraktische Zusammenstellung dieser Art noch nicht zur Verfügung.
Der Handlungsdruck für Lehrerinnen und Lehrer ist so groß, dass es sinnvoll scheint, bis hin zu Kopiervorlagen und Aufgabenbeispielen konkrete Vorschläge zu machen. Für eine bessere Praxis im Interesse der Kinder brauchen wir nicht nur wolkige Hinweise auf den „eigenaktiven“, konstruktivistischen Wissenserwerb der Kinder, die sich aus einem anregenden Lernangebot schon das Richtige herausgreifen. Wir benötigen im Sinne einer Simulationsdidaktik auch „Unterrichtsrezepte“ (Grell/Grell 1979), die gespeist sind von Analysen des Lerngegenstands und erster Erforschung des Lernens selbst sowie von Erkenntnissen der Lernpsychologie, um das Lernen zu effektivieren und zu erleichtern. Darüber hinaus steckt in den nachfolgenden Ausführungen ein Teil professionellen Erfahrungswissens aus der Unterrichtspraxis, denn nicht alle Rechtschreibfälle sind durch Fehleranalysen, Tests, Befragungen, Unterrichtsbeobachtungen, Video- oder Audio-Auswertungen empirisch erforscht. Wir wissen in vielen Fällen nicht genau, auf welchen Wegen und mit welchen Hindernissen, vor allem auch nicht mit welcher Nachhaltigkeit Kinder den einen oder anderen rechtschreiblichen Inhalt erwerben.
Gerade im Primarbereich ist es von Bedeutung, die Erstsprache der Kinder als Lernvoraussetzung zu beachten. Dies kann hier nicht vollständig für alle Dialektgebiete und für alle Migrationssprachen geschehen. An mehreren Stellen habe ich aber versucht, einschlägige Hinweise zu geben. Nutzerinnen und Nutzer des Buches kommen nicht umhin, den jeweiligen Sprachgebrauch vor Ort zu erkunden.

Der Ratgeber enthält folgende Abschnitte:
Zu Beginn (Abschnitt 1) stelle ich didaktische Leitlinien zusammen, die verständlich machen, weshalb die Rechtschreibphänomene so und nicht anders angegangen werden. Die Leitlinien sind teilweise Konsens in Wissenschaft und Praxis, zum Teil werden sie Widerspruch hervorrufen. Ein kleiner Exkurs umreißt dabei, wie Rechtschreiblernen funktioniert und wie es nicht funktioniert. Dies hat erhebliche Auswirkungen auf die Unterrichtsgestaltung.
Abschnitt 2 stellt übliche Einstiege in Rechtschreibstunden zusammen und bewertet sie. Abschnitt 3 gibt knappe Hinweise zur Arbeit mit dem Wörterbuch. Auf das Problem von Lernblockaden bei schwächeren Kindern weist der folgende Abschnitt hin. Kurzinformationen zur Fehleranalyse und Empfehlungen zu Diktatvarianten schließen sich in den Abschnitten 5 und 6 an.
Der Hauptteil (Abschnitt 7) widmet sich den einzelnen Rechtschreibthemen. Nach Ausführungen zur Sachanalyse gebe ich Hinweise auf die Lernbarkeit und insbesondere auf das Fehleraufkommen im jeweiligen Bereich, es folgen konkrete Unterrichtsvorschläge zum Stundeneinstieg sowie Kopiervorlagen. Diese können selbstredend nicht alle Themen für alle Grundschulklassen erschöpfend abdecken. Sie sind in vielen Fällen auch als Ergänzung zu eingeführten Medien nutzbar. Die Unterrichtsvorschläge sind für den Regelunterricht gedacht, solche für Klasse 2 oder 3 können aber durchaus auch in Nachhilfekursen von Viertklässlern verwendet werden.
Literatur ist am Ende des Buches zusammengestellt.

Für Rückmeldungen aller Art bin ich dankbar.

H. R.

Geschriebenes ist durch spitze Klammern gekennzeichnet (<a>). Wo dies ersichtlich ist, wurde Kursivdruck verwendet. Laute sind wie üblich in ihrer abstrakten Form durch schräge Klammern (//) markiert, bei individueller und regionaler Ausprägung durch eckige ([]). Letzteres gilt auch für die Notation der amtlichen Rechtschreibregelungen. Mit Sternchen (*) sind Normabweichungen kenntlich gemacht.

# 1 Didaktische Leitlinien für Rechtschreibstunden

In diesem Abschnitt sollen Leitlinien für Rechtschreibstunden aufgeführt werden, die gegenüber der herkömmlichen Praxis neue Akzente setzen wollen. Sie beanspruchen, einen erträglicheren, aber auch einen ertragreicheren Rechtschreibunterricht zu ermöglichen, wie es vor Jahren ADRION (1978) gefordert hat. Eingegangen wird – in aller Kürze – auf sprachwissenschaftliche, sprachdidaktische und lernpsychologische Aspekte.

## a) Sprachwissenschaftliche Kriterien

Ohne zu wissen, wie der Lerngegenstand beschaffen ist, kann dieser Kindern nicht zugänglich gemacht werden. Allerdings unterscheiden sich gegenwärtig je nach wissenschaftlicher Schule die orthographischen Analysen beträchtlich. Während einige stärker auf die grammatischen Hintergründe des Rechtschreibens abheben (vgl. NAUMANN 2000), rücken andere die Silben in den Mittelpunkt (vgl. EISENBERG in Grammatik-Duden 1998). Im vorliegenden Buch wird davon ausgegangen, dass die deutsche Rechtschreibung weitgehend regelhaft ist und nicht ein Sammelsurium von Einzelfallbestimmungen, was auch eine Regelorientierung für die Kinder nahe legt. Andererseits müssen natürlich Ausnahmen, Einzelfallfestlegungen, gelernt werden. Die Regelhaftigkeit zeigt sich auch in bestimmten Vorkommenshäufigkeiten. Vor didaktischen Entscheidungen sind deshalb Informationen darüber wichtig, welche Buchstaben häufig sind und welche nicht, welche Laute wie häufig durch welche Buchstaben verschriftet werden und wie häufig bestimmte Morpheme und Wörter sind. Dabei ist es notwendig, mit klaren Vorstellungen auf der Begriffsebene zu operieren: Laute sind keine Buchstaben, Morpheme keine Vor- oder Nach„silben“. Auf der Lautebene ist eine grobe Kenntnis der verschiedenen Artikulationsaspekte hilfreich: Handelt es sich um stimmhafte oder um stimmlose Laute usw.? Auf der Ebene grammatischer Phänomene müssen mehrere Zugänge zu Wortarten, Satz oder Satzarten gewählt werden. „Einbahnstraßen“, vor allem solche über die Bedeutung von Wörtern („Tunwörter“, „Aufforderungssatz“), müssen vermieden werden.

## b) Sprachdidaktische Kriterien

Für den Bereich des Rechtschreibens liegen seit mehreren Jahren empirische Befunde und Modellierungen vor, die statt wolkiger Schlagwörter konkrete Hilfen für die Unterrichtsgestaltung geben können. Ich habe vorfindliche Fehleruntersuchungen verglichen und durch eine eigene Erhebung ergänzt. Die **Fehlerschwerpunkte** stellen sich für Klasse 4 gerundet so dar (vgl. RISEL 1997a, S. 41):

1. Groß- und Kleinschreibung – ca. 25–30 % aller Fehler
2. Dopplung der Konsonantenbuchstaben – ca. 10–12 %
3. Markierung der Vokallänge (*ie, -h* ...) – ca. 10 %
4. *s/ß*
5. Kasusendungen
6. Getrennt- und Zusammenschreibung
7. Auslautverhärtung
8. Dialektfehler
9. Restliche Fehler (v/f, Interferenz ...)

Die Positionen 4–7 liegen bei Werten zwischen 5 und 10 %, die dialektal verursachten Fehler bei über 4 %.

Neben diesen isolierten Fehlerphänomenen ist es auch von unterrichtlicher Bedeutung, häufig falsch geschriebene **Wortformen** wie *auf einmal, sie kamen, du kriegst* oder *vielleicht* als Ganzes zu kennen, um sie vorbeugend bearbeiten zu können. Hierauf hat besonders MENZEL 1985 hingewiesen. Die reale Fehlerproduktion muss im Unterricht also insofern ihren Niederschlag finden, als Randphänomenen wie Wörtern mit *x* kein Übergewicht eingeräumt werden darf nur weil ansprechende Didaktisierungen vorliegen. Umgekehrt müssen Groß- und Kleinschreibung sowie Dopplung und „Dehnung“ gebührend berücksichtigt werden.

Die mit dem Fehleraufkommen zusammenhängende Modellierung des **stufenweisen** Kompetenzerwerbs (s.u.) ist für die Unterrichtsgestaltung deshalb bedeutsam, weil die jeweiligen Kompetenzstufen Anhaltspunkte für die Altersgemäßheit der Themen liefern. Damit kann Über- und Unterforderungen begegnet werden. Sehr vereinfacht lässt sich folgende Gliederung annehmen (vgl. die Kurzfassung in RISEL 1997a, basierend auf SCHEERER-NEUMANN 1998 und VALTIN 1998 ):

**Stufen des Rechtschreibkönnens**

| | | | | |
|---|---|---|---|---|
| **Kritzelstufe** | **beginnende phonemische Strategie** *LMP, lae* | **entfaltete phonemische Strategie** *khint, Hunt* | entfaltete phonemische Strategie mit **orthograph. Regelungen** *lesen, Hunnd, farrad* | **Abruf automatisierter Wörter** und weitere **Regelungen** *Fahrrad* |
| vorschulisch | Anfang Kl. 1 | Kl. 1/2 | Kl. 3/4 | Kl. 4/5 … |

Die **Kritzelstufe** sorgt einmal für die Ausbildung der schreibmotorischen Fertigkeiten, zum anderen dokumentiert sie, dass Kinder den Zeichencharakter von Schrift und ihre Bedeutsamkeit für die Verständigung begriffen haben. Eine Ganzwortspeicherung ohne Lautbezug („logographemische" Phase) wird heute nicht mehr als Zwischenstufe zur **beginnenden phonemischen Strategie** angenommen. Letztere stellt einen qualitativen Sprung für die Lernenden dar, sie haben verstanden, dass die Buchstaben auf dem Papier mit Lauten korrespondieren. Die **entfaltete phonemische Strategie** hält individuelle, regionale und durch Überlautung (Behauchung des /k/ im Beispielwort) zustande gekommene Lautvariationen fest. Die letzten beiden Stufen sind durch Hypothesenbildung, auch Fehlbildungen und Hyperkorrekturen, durch Tasten nach Regeln und ein Anwachsen von sicher geschriebenen Einzelwörtern gekennzeichnet. Dass beispielsweise Kinder zu Beginn von Klasse 2 **schpielen* schreiben oder zu Beginn von Klasse 4 **schöhn*, ist „normal". Unterricht hat die Aufgabe, sie von da aus zur Norm zu führen und zu begleiten.

Didaktische Aufarbeitung von Rechtschreiblernstoff muss schließlich den „**polyfunktionalen Prozess**" (Riehme 1987) des Rechtschreibens berücksichtigen. Das heißt, ein je spezifischer Zugang zu den Einzelphänomenen ist unabdingbar. Ein Wort wie „Spiel" kann nicht nur schreibend verinnerlicht werden, es sind artikulatorisch-auditive und vor allem kognitive Anstrengungen erforderlich.

Allgemein sind lautliche Prüfungen (insbesondere die der Vokallänge), die Lokalisierung von Phänomenen (i.d.R. im Wort bzw. Wortstamm) und die Betrachtung der Wortumgebung (Signalwörter bei Nomen bzw. Substantiven/Substantivierungen) als Kompetenzen zu vermitteln. Gehäufte Abschreibaufgaben ohne kognitiven Anspruch widersprechen der modernen Auffassung vom Rechtschreibprozess.

Zusätzlich müssen je nach Region **dialektale Einflüsse** auf das Schreiben beachtet werden. Dies gilt für eine ganze Palette an Erscheinungen, etwa die süddeutsche „Konsonantenerweichung" (k/g …), die Entstimmung des /z/ in Süddeutschland, Vertauschungen bei *ch/sch* im Rheinland, *r*-Vokalisierung oder *g*-Spirantisierung usw. Gerade hier gibt es wegen der unreflektierten Übernahme von Lernmaterialien aus dialektarmen Bundesländern große Defizite und damit wenig Hilfen für junge Dialektsprecher (vgl. Risel 2000 a). Auch die unterschiedlichen Lernvoraussetzungen **ausländischer** Kinder müssen berücksichtigt und für die ganze Klasse produktiv gemacht werden. Ein Beispiel: Gibt es *äu* im Türkischen, wie wird /ɔɪ/ dort verschriftet? usw. Dies hat seine Grenzen, wenn die Zahl der im Klassenzimmer vertretenen Migrantensprachen sehr groß ist. Wo immer es geht, sollte aber der Sprachkontrast als Lernanlass auch für die Mehrheit der deutschsprachigen Kinder genutzt werden.

Breiter didaktischer Konsens herrscht gegenwärtig über die Ausrichtung des Rechtschreiblernens auf einen **Grundwortschatz** hin, was die Anforderungen reduzieren und Motivation bei den Lernenden erhalten soll. Hier ist zu fragen, welche Variante dieses Konzeptes gemeint ist. Das Spektrum reicht vom abzulehnenden regelarmen Wortbildeinschleifen bis zu der sinnvolleren Position, den Grundwortschatz als Übungsgrundlage für regelorientiertes Arbeiten zu benutzen. Wir bevorzugen neben solcher Regelorientierung zudem das **Wortlistentraining**, bei dem häufig (falsch) geschriebene Wörter und Ausnahmeschreibungen wie *v* für /f/ in Listen zusammengefasst, reflektiert und geübt werden. Dessen Wirksamkeit ist seit langem nachgewiesen.

Eine weitere Frage ist, ob Rechtschreiblernen in ausgewiesenen Schulstunden oder **integrativ** als Teilkomponente des freien und kommunikativen oder auch gelenkten Schreibens stattfinden soll. Was Knapp (2000, S. 6 f.) für Sprachbuchkonzeptionen festgestellt hat, gilt für die Gestaltung von Rechtschreibstunden insgesamt. Rechtschreibung wird häufig hinter und in anderen Themen versteckt, bevorzugt solchen aus dem Heimat- und Sachunterricht. Ich halte dagegen ein explizites Ansprechen rechtschreiblicher Probleme im Sinne eines Ansatzes, der **Sprach-**

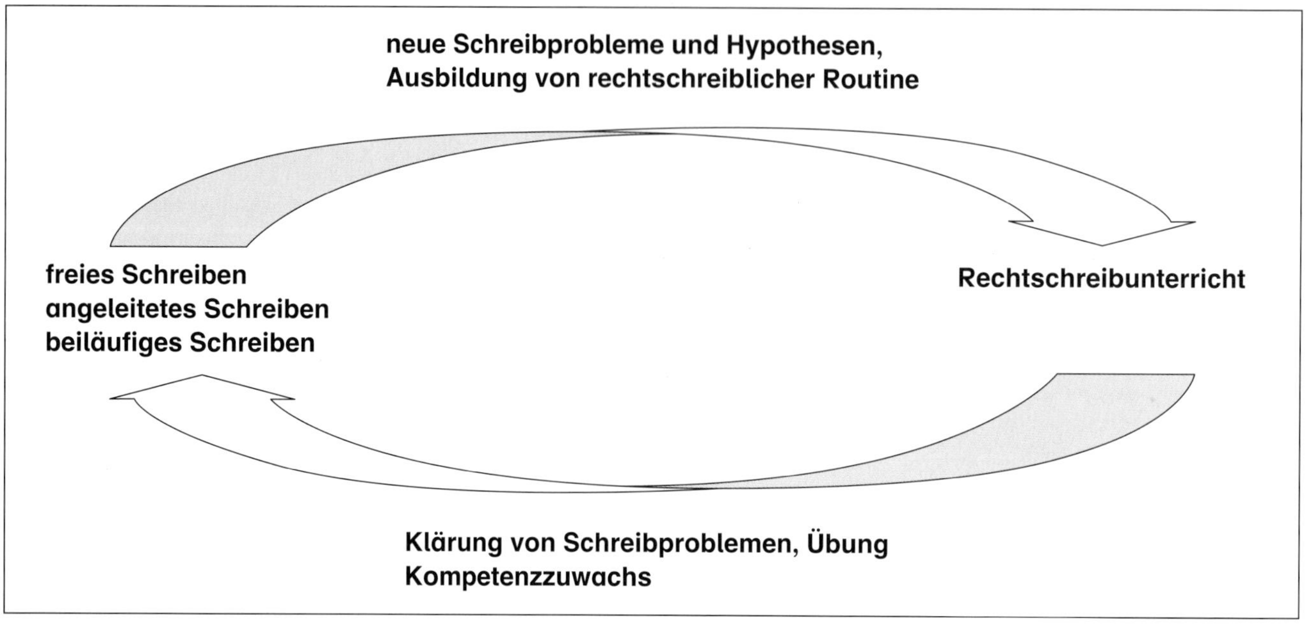


**bewusstheit** forcieren will, für angemessen. Damit ist eine überkommene Didaktik abzulehnen, die vorwiegend ab-, auf- und nachschreiben lässt. Reflexion vor dem Schreiben und beim Schreiben fungiert dagegen als Schrittmacher beim Erwerb von Rechtschreibkönnen. Sprachliche Bewusstheit erstreckt sich dabei auf viele Bereiche, auf sprachliche Einheiten (*ein Selbstlaut ist…, ein Aufforderungssatz ist…*) und Prozeduren (*dass ein Wort ein Nomen ist, sieht man daran, dass…*).

Zusätzlich brauchen Kinder Rechtschreibsicherheit durch **Automatisierung**, durch Anwendung und Übung. Das Schreiben von Texten, seien sie frei gewählt oder nach Vorgaben zu Papier gebracht, erzeugt neue Schreibprobleme, die im Unterricht kurzfristig oder planvoll bearbeitet werden können.

Zusätzlich zu spezifischem Wissen über den Lerngegenstand Rechtschreiben muss ein bereichsübergreifendes **Methodenwissen** der Kinder angebahnt und gestützt werden: erfolgreiches Nachschlagen unbekannter Wörter in Wörterliste und Wörterbuch, Selbstdiktate, kooperative Korrekturen, Prüflistenbenutzung oder die beginnende Diagnose eigener Rechtschreibkompetenz.

## Was ist über den Rechtschreibprozess bekannt?

Neueren Informationen zum Trotz hält sich eine überkommene Vorstellung, die so umrissen werden könnte: Beim Lesen und Schreiben von Wörtern speichern wir die jeweiligen Wortgestalten, auch Wortbilder genannt, im Gedächtnis. Werden uns Wörter diktiert oder schreiben wir aus eigenem Antrieb einen Text, rufen wir die so gespeicherten Bilder wieder ab. Dabei wäre es fatal, wenn zuvor Fehler gelesen und geschrieben worden wären, denn dann käme beim Abruf des Wortbildes ja der unerwünschte falsche Input wieder zum Vorschein. Gestützt werden solche etwas simplen Vorstellungen durch Umrisskästchen oder Strichkodes in Arbeitsheften, von denen eine Speicherhilfe erwartet wird (sie können zur Selbstkontrolle unbedenklich eingesetzt werden, haben jedoch keinen Behaltenseffekt). Theoretische Legitimation erfuhr diese Ansicht vor Jahrzehnten durch die Ganzheitsmethode im Gefolge der Arbeiten Artur Kerns und anderer.

Was sagt die neuere Forschung dazu? Unstrittig werden rechtschreibliche Informationen über Auge und Gehör aufgenommen. Die gesehenen Wörter werden jedoch nicht umstandslos als visuelle Information abgelegt, sondern letztlich abstrakt gespeichert. Diese Speicherung sieht ab von konkreter Schriftgröße, Schriftart oder Schrifthintergrund. Sie ermöglicht einen automatisierten Abruf des orthographischen Wortes, wenn es häufig gebraucht, insbesondere geschrieben wurde. Ansonsten werden Buchstabenfolgen auf der Grundlage von Lautanalyse und Regelanwendung geschrieben. Eichler 1992 (S. 64 ff.) und andere sprechen von innerer Regelbildung, die durch Fremdregeln angeregt werden muss, Thomé fand 1999 zwei „Typen“ von Rechtschreiblernern, die man als Wörtersammler und als Regelanwender bezeichnen kann.

In diese Richtung weisen auch Experimente mit Nonsens-Wörtern wie *brieb*. Manche schreiben das Wort wegen der Analogie zu *Brief* groß, manche schreiben wegen der Auslautverhärtung *briep* usw. Diese Experimente bestätigen, dass Rechtschreiben kognitiv, also durch Wissen gesteuert wird, dass Vergleiche, Analogien, Regeln herangezogen werden, auch wenn dies nicht bewusst wird. Keinesfalls werden auf fotografische Weise einfach immer mehr Wörter im orthographischen Speicher des Langzeitgedächtnisses gesammelt. Die Regeln bieten hier Transfermöglichkeiten für neue, unbekannte Wörter.

| | | |
|---|---|---|
| **orthografisches Lexikon im Langzeitgedächtnis** | ======> | Direktentnahme ***automatisierter*** Wörter und Wortbausteine |
| | ======> | Schrittweise Zuordnung von Buchstaben zu Lauten mit Regelüberformung bei ***unbekannten*** Wörtern |

Zudem ist es sehr unwahrscheinlich, dass von flektierten Formen oder Wortfamilien alle Wörter isoliert gelernt werden: *Bäcker, backst, backen, gebacken*. Experimente haben die Speicherung häufiger Wörter **und** Wortbausteine (hier: *back*) nachgewiesen (vgl. Belege in RISEL 1997 a).

Drittens treten selten Fehler auf, die auf optischen Verwechslungen beruhen. Ein Fehler wie **fältl* für *fällt*, bei dem das Oberzeichen T-Strich vertauscht wurde, kommt praktisch nicht vor. Dagegen sind Fehler häufig, die an der Wortgestalt deutliche Veränderungen hervorrufen. Sie machen das Wort länger oder kürzer oder bringen Oberlängen ins Spiel: **kahm* für *kam*, **komen* für *kommen*, *der *arm* für *Arm*.

Diese Fehler sind überwiegend Ergebnis kognitiver Auseinandersetzungen der Lernenden mit Erscheinungen wie „Dehnung", Dopplung oder Großschreibung. Eine solche neue, positive Sichtweise des Fehlers als Ausdruck eines Bemühens, sich die Norm anzueignen, hat zu den bekannten Stufenmodellen für das Rechtschreiblernen (s.o.) geführt.

Ein viertes Argument gegen Wortbildannahmen gründet in der Tatsache, dass Grundschulkinder im Wesentlichen keine falschen Schreibungen in ihrer Umgebung antreffen.

Vom Schulbuch über Zeitungen und Zeitschriften bis zur Straßenwerbung wird i.d.R. normgerecht geschrieben. Dennoch „produzieren" Lernende Fehler. Ein- oder zweimaliges Präsentieren eines Fehlers in didaktischer Absicht wird demnach nicht zur Falschschreibung führen. Darum ist beispielsweise eine Anleitung zum Partnerdiktat, Schreibende bei Fehlschreibungen sofort durch Antippen zu unterbrechen und auf den Fehler aufmerksam zu machen, verfehlt. Sinnvoll dagegen ist es, Begründungen und Beschreibungen suchen zu lassen. Die Formulierungen der Kinder müssen dabei aufgegriffen und in das Begriffsgerüst, das der Lehrplan anstrebt, integriert werden. Diese Forderung nach Reflexionsphasen beim Schreiben ist nicht neu. Das zeigen Sprachbuchseiten zur Auslautverhärtung und zur ä/a-, äu/au-Herleitung. Die quantitativ stärker ins Gewicht fallenden „Dehnungs"- und Dopplungsmarkierungen werden jedoch bislang kaum oder unzureichend didaktisch aufbereitet.

## c) Lernpsychologische Kriterien

Die Lernpsychologie hat seit mehreren Jahren Ergebnisse hervorgebracht, die auch beim Rechtschreiblernen für bessere Behaltenseffekte und Lernerorientierung sorgen können.

Hierzu gehört beispielsweise die Forderung nach Selbsttätigkeit bis hin zur Möglichkeit der Selbstkontrolle nach der Aufgabenbearbeitung. Weiter die Möglichkeit, sprachliche Regelmäßigkeiten gelenkt zu entdecken, wie es RÖBER-SIEKMEYER 1993 formuliert hat. Weitere lernpsychologische Forderungen seien zunächst stichwortartig genannt. Sie werden anschließend erläutert (vgl. RISEL 1995, S. 130 ff.; 1997 a, S. 50 ff.).

- Ähnlichkeitshemmungen vermeiden, jedoch auf den Lernstand achten
- Anschaulichkeit herstellen, Modellwörter („Prototypen") bereitstellen
- Elaborationen ermöglichen, mehrkanalige Zugänge suchen
- Inhalte strukturieren, induktiv arbeiten
- Lernen aus Neugierde ermöglichen, Aufgabenschwierigkeit beachten
- Differenzierung ermöglichen
- Überlernen, variierendes Wiederholen

### Ähnlichkeitshemmungen adressatenbezogen vermeiden

Die Verwechslungsgefahr bei ähnlichen Lernstoffen mit der Folge von Konfusionsfehlern ist in den sechziger und siebziger Jahren auch experimentell bestätigt worden (vgl. hierzu und im Folgenden RISEL 1997 b, teilweise abweichend AUGST/DEHN 1998, S. 214 f.). Paradebeispiel in der Rechtschreibung war die Verschriftung von /ı/ bzw. /i:/. Es wurde gewarnt vor gleichzeitiger Behandlung von Wörtern mit *i*, *ie* oder *ih*. Dem ist jedoch entgegenzuhalten, dass bei Verfügung über Kriterien und Wörterlisten Kinder gegen Ende der Grundschulzeit durchaus Entscheidungen über die genannten Schreibungen treffen können müssen. Sie bewältigen dies auch im Durchschnitt.

Nicht jede Gegenüberstellung „ähnlicher" Spracherscheinungen erweist sich so als Konfusion erzeugend. Dies ist nur dann der Fall, wenn Lernende zu früh explizit mit der Lernhürde konfrontiert werden und wenn sie keine Hilfen zur Unterscheidung haben. Eine „allzu fürsorgliche" (BALHORN/OSBURG 2000, S. 266) Verabsolutierung der Forderung, Ähnlichkeitshemmungen zu vermeiden, kann jedoch zu Unterforderungen führen.

Hierfür gibt es zahlreiche groteske Beispiele. So sollen in Wortlücken *z* oder *tz* eingefügt werden: Was ist richtig, *Kautz* oder *Kauz*? Ein weiteres Beispiel sind Einsetzübungen zu *sp/st*, wohlgemerkt nicht zu *s* oder *sch*: *stark* oder *spark*? u. dgl. mehr.

## Anschaulichkeit herstellen

Die Forderung, Lerninhalte anschaulich zu präsentieren, scheint im Bereich der Rechtschreibung nicht zu greifen, da entsprechende Themen häufig losgelöst von kommunikativen Situationen bearbeitet werden müssen. Ich fasse diese Forderung für das Rechtschreiben daher so, dass für einzelne Rechtschreibfälle „Prototypen", also Modellwörter und Modellkonstellationen, aufgegriffen und bereitgestellt werden, die eng mit dem Sprachschatz der Lernenden verbunden sind. Ein Beispiel zur Stammkonstanz bei *ä/a*: „*Hände* von *Hand* – *schwer* hat keinen Verwandten mit *a*". *Eu* und *äu* können auch über objektsprachliche Ankerbegriffe wie *Räuber-äu* und *Eulen-eu* sicherer auseinander gehalten werden. Für das Problem der Auslautverhärtung hilft: „*Kind, weil Kinder*" usw.

## Elaborationen – mehrkanalige Verarbeitung

Eine Möglichkeit, Kurzzeitinformationen im Langzeitgedächtnis zu verankern, besteht in „Elaborationen". Darunter versteht man die Entwicklung von „bildhaften Vorstellungen" und „persönlichen Erfahrungen" zu Lernstoffen, deren Umschreibung, distanzierte Bewertung, auch assoziative und mehrkanalige Annäherung (visuell, akustisch, schreib- und sprechmotorisch, taktil, handelnd; vgl. Mandl et al. 1986). In Übereinstimmung mit den rechtschreiblich notwendigen „Zugängen" (lesen, schreiben, sprechen, hören, denken) muss Lernstoff also von verschiedenen Seiten angegangen werden. Einfache Abschreibübungen beispielsweise bei Wörtern mit Dopplung oder Längenmarkierung sind nicht angemessen. Erst lautliche Prüfung *und* eine die Aufmerksamkeit bündelnde grafische Markierung (Farbe, Kringel, Punkt unter Kurzvokalbuchstaben …) *und* kognitive Annäherung sorgen für „tiefe" Verarbeitung (vgl. die „verschiedene(n) Lernwege" bei Balhorn/Osburg 2000, S. 258). Eine isolierte Aufgabenstellung wie „Sortiere die Wörter nach *pp*, *tt*, *mm* und *ff*" verschenkt folglich eine angemessen tiefe Herangehensweise.

## Inhalte strukturieren

Neben dem Elaborieren von Information ist das Organisieren (auch: Strukturieren) eine zweite Verarbeitungsweise. Darunter versteht Weidenmann (1986, S. 511) die Kategorisierung, Hierarchisierung und Bündelung von Stoffen. In diesen Zusammenhang gehört auch der vernetzungsfördernde Ansatz von Ausubel, der für bestimmte Arten des Lernens zentrale Begriffe *vor* der eigentlichen Lernphase vorgibt („advance organizers") oder solche nach dem Lernen wiederholt („post organizers") (vgl. Risel 1995). In jedem Fall soll neues Wissen so an vorhandenes „angebunden" werden. Verweise in einem Werk wie „Schlagt auf S. … nach" oder „Nimm dazu die Regel von S. … zur Hand", Merksätze und Zusammenfassungen sind hier übliche Konkretisierungen in Sprachbüchern. Dabei reicht jedoch die Feststellung, ob Merksätze und Zusammenfassungen vorhanden sind oder nicht, nicht aus. Die Qualität ist entscheidend. So finden sich oft bloße Beispielsammlungen, wo Oberbegriffe zur Gedächtnisentlastung gefordert wären. Oder die Formulierungen bleiben sachlich widersprüchlich. Zur Verdeutlichung zwei Merksätze zweier aufeinander folgender Seiten: „Nach einem lang gesprochenen Selbstlaut oder Umlaut steht oft kein Merkmal für eine Dehnung (-h, ie, ieh)." „Nach Wörtern mit lang gesprochenem Selbstlaut oder Umlaut steht oft ein h (…)".

Unterrichtlich sollte darauf geachtet werden, dass Merksätze möglichst induktiv erarbeitet und von den Kindern wirklich verstanden werden. Falls dies nicht der Fall ist, sind Lerneffekte nicht zu erwarten. Spiegel (1999) hat belegt, dass Kinder zur Beruhigung der Lehrerin im Unterrichtsgespräch manchmal unverstandene „Fetzen" von Merksätzen als Antwort geben. Danach werden sie in Ruhe gelassen und die Lehrerin hat den Eindruck, der Stoff „sitze".

## Neugierlernen/Aufgabenschwierigkeit

Berlyne (1974) fasst Lernen auch als kognitiven Konflikt zwischen Vorwissen und neuer Information. Solche „wohldosierten Diskrepanzen" regen Lernen an: „Relative Neuheit, Komplexität und Ungewissheit schaffen in der Person eine subjektive Unsicherheit. Daraus entsteht das Bedürfnis, die entstandenen kognitiven Konflikte durch Explorationsverhalten abzubauen" (Edelmann 1993, S. 377). Lerneinstiege über reale Fehler und Fragen der Kinder, über die gemeinsam nachgedacht wird, und nachfolgende Übungen dürfen nicht verteufelt werden nach dem Motto, es darf den Kindern nichts Falsches präsentiert werden. Auch der Schwierigkeitsgrad von Aufgaben spielt hier eine wichtige Rolle. Von der „Eisbrecherfunktion" leichter Aufgaben als „warming up" zu Beginn einer Lerneinheit abgesehen, besteht in der Literatur Konsens darüber, bei Aufgaben ein mittleres Schwierigkeitsniveau anzustreben (vgl. Mietzel 1993, S. 264).

## Differenzierung

Konsequent zu Ende gedacht, müsste für jedes Kind ein je spezifisches Schwierigkeitsniveau bereitgestellt werden, was Klassenunterricht unmöglich machen würde. Als Ausweg bietet sich für dieses Problem erstens ein Dialog zwischen Lehrenden und Lernenden an, der subjektive Momente in den Lehr-Lernprozess einbringt, zweitens können einige wenige Lernniveaus zu Differenzierungszwecken gebündelt werden. Nur

durch Differenzierung kann der Gefahr „kumulativer Leistungsdefizite“ begegnet werden (vgl. EDELMANN 1993, S. 297).
Üblicherweise ist solcherart Differenzierung im Sprachbuch durch Bonbon-, Sternchen- oder andere markierte Aufgaben angezeigt. Zu prüfen bleibt, ob die ausgebrachten Zusatzaufgaben inhaltlich anders sind als ein einfaches Mehr an zu schreibenden Sätzen oder Wörtern, gar als Beschäftigungstherapie einzuschätzen sind. Leistungsstarke Kinder brauchen auch inhaltlich weiterführende Fragen wie „Weshalb haben Wörter wie *Lärm* und *Bär* auf dieser Seite nichts zu suchen?“ (zu *ä/a*-Wörtern).

### Überlernen

GAGE/BERLINER berichten, dass das „Überlernen“ von Lernstoffen, also das Aneignen über das Niveau des vollständigen Beherrschens hinaus, erheblich zur Vergessensresistenz beiträgt, vor allem dann, wenn dies variantenreich geschieht (vgl. GAGE/BERLINER 1986, S. 316 ff.). Für die Automatisierung rechtschreiblichen Wissens ist dies besonders wichtig. Eine mehrfache Bearbeitung rechtschreiblicher Probleme ist also notwendig, um Lernerfolg wahrscheinlich zu machen. Einmalpräsentationen von Stoffen sind wenig effektiv. Wiederholungen sollen, dies hat MENZEL 1978 für das Rechtschreiben schon früh aufgezeigt, nicht massiv vorgenommen werden, sondern mit angemessenem zeitlichen Abstand zur Erstaneignung.
Auf weitere lernförderliche Maßnahmen wie **Lernspiele** sei abschließend hingewiesen. Es scheint auf dem Markt hier nicht sehr viel Überzeugendes zu geben. Wenig aufwändig sind aber beispielsweise Memorys mit selbst beschrifteten Kartenpaaren zu Wörterlistenwörtern, Kreuzworträtsel zu ebensolchen Wörtern, Bingospiele o. Ä.

# 2 Einstiege in Rechtschreibstunden

Auf der Grundlage von Unterrichtsbeobachtungen, Schulbuchanalysen und der Sichtung von Ratgeberliteratur (vgl. GREIL 1984, S. 81–100) lassen sich mehrere gängige Eröffnungen für Rechtschreibstunden typisieren. Manche davon sind eher förderlich für die Ausbildung von rechtschreiblichem Können, weil sie das Sprachdenken der Kinder nutzen wollen, manche sind für diese Zielsetzung weniger sinnvoll.

1. **Phänomenhäufung:** Die Kinder sollen selbst „entdecken“, worum es in der Stunde geht. Dies scheint eine unausrottbare Prämisse für den thematischen Stundenbeginn zu sein. Wir können den Kindern offenbar am Stundenanfang nicht direkt sagen, worum es im folgenden Unterricht gehen soll und muss. Andererseits lässt sich über die verdichtete Präsentation des Stundenproblems durch Wortkarten, Text, Bild oder Gegenstände sicher auch überleiten zu Wissenserwerb und Reflexion. Eine beliebte Variante hierzu sind **Rätsel**, die Lösungen zu einem bestimmten Rechtschreibproblem verlangen. Einige Bilder zeigen zum Beispiel Wörter mit *aa, ee, oo* wie *Haar, Aal, See, Boot.* Eine stereotype Frage für diese Einstiegsart lautet: „Was fällt euch auf?“ – Funktional ist hingegen beispielsweise für eine Stunde zu *paar/Paar* die Präsentation eines Paars Handschuhe und einer Anzahl weiterer, nicht zusammengehörender Handschuhe.
2. Im Alltag findet sich auch der **informierende Stundeneinstieg** nach GRELL/GRELL (1979), der zügig zur Sache kommt: „In dieser Stunde möchte ich mit euch schwierige Wörter mit *ß* besprechen und üben ...“ oder: „Heute geht es beim Rechtschreiben um das *ie.*“ Zu diesem Eröffnungstyp gehören auch explizite Übungs- oder Diktatstunden.
3. **Medias in res** – die Kinder werden ohne Begründung zur Lösung einer Aufgabenstellung an der Tafel oder auf dem Tageslichtprojektor aufgefordert. Aus der Lösung ergibt sich das Stundenthema. Legitimationen dafür bleiben auch deshalb aus, weil die Kinder das Verhaltensmuster „Lehrer stellt Aufgaben, Kinder versuchen sie zu lösen“ verinnerlicht haben.
4. **Normabweichungen I:** Reale oder simulierte **Fehler** von Schreibanfängern (**Maks* für *Max*) oder Fehlschreibungen/Übergeneralisierungen, die für das Lernalter typisch sind (**Beume* für *Bäume*), werden vorgestellt. Die wirklichen Rechtschreibprobleme der Kinder werden so aufgegriffen. „Aufhänger“ sind auch dialektale Fehler und solche von ausländischen Kindern („Interferenzfehler“). Ein Kind hat beispielsweise **glein* (für klein) geschrieben (Konsonantenerweichung in süddeutschen Dialekten, im Sächsischen), ein anderes **Stagen* (für *Stangen,* im Türkischen fehlt der Laut für *ng*). Aus Ersterem kann sich eine Lernsequenz zu stimmhaften und stimmlosen Verschlusslauten entwickeln, aus Letzterem eine zu Wörtern mit *ng/nk.*
5. **Normabweichungen II:** Künstliche **Verfremdungen** – z. B. Großschreibung aller Buchstaben oder deren Kleinschreibung zur Erarbeitung von Groß-

schreibungsregeln. Die Verfremdung stellen oft Feen, Zauberer, Hexen, Kobolde, Kasper oder die Leitfiguren der Sprachbücher, auch als Handpuppen, her. Manchmal treten auch Roboter, Maschinen oder fiktive Menschen auf den Plan. Damit knüpfen Lehrkräfte an (vermeintlich) kindliches Denken bis etwa in Klasse 3 an.

6. Funktional ist ein Stundeneinstieg, der ein **Schreibproblem** anspricht, ohne dass schon Fehler produziert wurden. Meist fiktive Kinder und Schreibsituationen sorgen dafür, dass die Kinder der Klasse Tipps geben, wie sich das eine oder andere Rechtschreibproblem lösen lässt. Dieses Verfahren eignet sich auch zur Wiederholung, damit die Schüler ihr Wissen aktivieren.
7. **Sprachspiele:** Buchstaben oder geschriebene Silben und Wortbausteine wurden beispielsweise vertauscht und müssen zurechtgerückt werden: *Klugnis, Freikeit, Schwierigung* ... Daran knüpfen sich weitere Aufgaben und Überlegungen. Der Unterschied zu den Normabweichungen II besteht in der beabsichtigten humorvollen, unterhaltsamen Wirkung, wobei die Kinder auch selbst sprachspielerisch tätig sein können.
8. **Lückenwörter, Lückensätze:** Das Füllen von „verklecksten" Stellen im Wort oder im Satz führt zum Stundenthema. Dies kann eine Variante zur Phänomenhäufung sein. Beispiel: Alle entstimmt gesprochenen Konsonanten im Auslaut werden abgedeckt, die Kinder müssen sie herausfinden und über die Verlängerungsprobe entscheiden, ob *b* oder *p* usw. richtig sind. Das Raten in der ersten Phase (*Kal? – Kalb*) führt noch nicht zum Problem, sondern hat im günstigsten Fall eine motivierenden Effekt.
9. **Sachtexte**, oft aus dem Heimat- und Sachunterricht und in der Regel mit Illustrationen (*Die Fahrradprüfung; Leben in der Steinzeit; Bei der Feuerwehr; Valeries Geburtstagsgeschenk* ...), dienen als **Aufhänger**, die zunächst inhaltsbezogen gelesen, besprochen und bearbeitet werden. Rechtschreibprobleme sind darin mehr oder weniger stark verwoben. Sie werden erst nach einiger Zeit in einem zweiten Schritt additiv angesprochen. „Ihr habt bemerkt, dass da einige Wörter mit *ie* in der Geschichte sind." Die rechtschreibliche Aufgabenstellung wirkt aufgesetzt, die vorhandenen Schreibprobleme der Kinder bilden nicht den Ausgangspunkt weiteren Lernens.

Wie oben angesprochen, sollten Einstiege gewählt werden, die den Kindern Nachdenklichkeit beim Rechtschreiben zutrauen und diese fördern.

# 3 Arbeit mit dem Wörterbuch

Schon in der Grundschule bahnt sich bei manchen Kindern an, was als Massenphänomen im Sekundarbereich zu beobachten ist: Sie haben zwar Wörterbücher auf dem Tisch oder diese im Klassenzimmer leicht zur Hand, nutzen sie bei Schreibaufgaben aber nicht oder zu selten. Ein kleiner Teil der Kinder in der Grundschule verfügt trotz umfangreicher Arbeit im Anfangsunterricht, trotz Liedern und Gedichten nicht sicher über das Alphabet – was dieses Verhalten mit erklärt.
Deshalb ist auch in Klasse 3 für Schwächere das Alphabet ein Thema, das spielerisch-handlungsorientiert (Wortkärtchen, Aufstellen der Kinder nach dem Abc ...) und memorierend umgesetzt wird. Entgegen scheinbarer Schutzvorschriften in Lehrplänen müssen Wörter frühzeitig nach dem zweiten, dritten und vierten Buchstaben sortiert werden: *Eiche, Eimer, Eis* usw. Dies ist ebenso für Präfixwörter wichtig (*verbieten, verstehen* ...). Die Ausbildung von Nachschlageroutinen durch Zuordnen der Buchstaben an den Abc-Anfang, die Abc-Mitte und das Abc-Ende muss ein weiteres Ziel sein. Bei einem nachzuschlagenden Wort wie *Kamel* – Gegenstand sollten Wörter sein, die von den Kindern noch nicht erschlossen werden können – wird zunächst nach der Grobeinteilung *Anfang, Mitte, Schluss* aufgeschlagen, erst dann gezielt geblättert. Dies geht schneller als das von Schwächeren praktizierte hilflose Durchblättern des Wörterbuches. Wettbewerbartiges Nachschlagen auf Zeit kann den Rechtschreibunterricht auflockern.
Zusätzlich muss die Zerlegung komplexer Wörter bewusst gemacht und geübt werden. Flektierte Wörter müssen in der Grundform, zusammengesetzte oder mit Präfixen versehene gerade in den weniger umfangreichen Grundschulwörterbüchern unter ihren Bausteinen nachgeschlagen werden.
Viertens ist die lautliche Sensibilisierung von Bedeutung, sie kann Frustrationen vorbeugen. Die Kinder sollten um die Mehrfachzuordnung von Buchstaben zu Lauten in Fällen wie *verlieren* (/f/) oder *sparen* /ʃ/ wissen. Die Kopiervorlagen versuchen die genannten Aspekte umzusetzen. Alle Grundschulwörterbücher geben darüber hinaus im Anhang vielfältige Hinweise auf Arbeitsmöglichkeiten.

| Name: | **Schnell nachschlagen** | KV 1 |
| --- | --- | --- |

Vera und Valentin suchen beide nach dem Wort **Truthahn**.
Sie sind nicht sicher, ob es bei „u“ mit oder ohne ***h*** geschrieben wird.

1. Vergleiche, wie die beiden mit dem Wörterbuch arbeiten!

2. Valentin ist beim Abc unsicher. Auch deshalb braucht er länger als Vera. Sage leise das Abc auf!

3. Schnellaufschlagübung: Versuche „mit einem Satz“ die Buchstaben *K*, *C*, *T* und *R* aufzuschlagen!

4. Schreibe die Seitenzahlen auf: Wo stehen *Kamel* ☐, *Clown* ☐, *Tapete* ☐, *Himbeere* ☐, *Pfahl* ☐, *Stuhl* ☐, *hören* ☐, *Strom* ☐?

Für Schnellmerker: Warum sind Wörter wie *Verkehr*, *Staub*, und *Quirl* schwierig nachzuschlagen?

Sie sind schwierig nachzuschlagen, weil ____________________

______________________________________________

| Name: | # Noch schneller nachschlagen | KV 2 |
|---|---|---|

Vera kennt einige Tricks, wie sie Wörter schnell nachschlagen kann:

Ich muss manche Wörter
zuerst verändern, damit ich sie finde:
Bei **zusammengesetzten Wörtern** suche ich
nach den **Einzelteilen.**

Bei *Holzspäne* suche ich nach Holz und nach Späne.
Bei *Schiffsschaukel* suche ich nach
____________ und ____________

**Verlängerte Wörter** suche ich bei der **Grundform:**
*schimpfst* suche ich bei ____________
*ausgeliehen* suche ich bei ____________
*schärfer* bei ____________
*stärkste* bei ____________

1. Ergänze, was Vera sagt.

| **Wort** | **Stichwort** | **Lösung** | |
|---|---|---|---|
| | | **richtig** | **falsch** |
| Wüstenkamel | | | |
| Kälbchen | | | |
| durchgebissen | | | |
| verloren | | | |
| unverständlich | | | |
| am heißesten | | | |
| | | | |
| | | | |

2. Unter welchem Stichwort suchst du die Wörter aus der Tabelle?

Beim Nachschlagen muss man Wörter oft zerlegen
oder ihre Grundform suchen.

| Name: | Der Klügere schlägt nach | KV 3 |
| --- | --- | --- |

Großbritannien Irland Portugal
Deutschland Frankreich Polen
Italien
Schweiz Indien
Dänemark Schweden

Nadja sammelt Briefmarken. Sie will sie nach dem Länder-Abc in ein Album stecken.

1. Worauf muss sie bei *Irland* und *Italien* aufpassen?
   Notiere die Ländernamen in der richtigen Reihenfolge:

2. Ordne ebenso:

   *Schwarzspecht, Kleinspecht, Grünspecht, Buntspecht, Grauspecht*

**Was nicht im Wörterbuch steht**

Nicht alle Wörter stehen im Wörterbuch. Findest du *Meerschweinchenfutter und Hamsterkäfig?*

**... und wie du es trotzdem findest**

Du hast es sicher schon selbst entdeckt: Manche Wörter muss man ***zerlegen***, wenn man wissen möchte, wie sie richtig geschrieben werden: *Meerschweinchen + Futter, Hamster + Käfig.*

*Elefantenwärter, Affenzirkus, Antennenkabel, Zwergkaninchen*

3. Zerlege die Wörter und notiere die Seitenzahlen, auf denen du die Wortteile gefunden hast! *Elefantenwärter => Elefant ( ), Wärter ( ), ...*

# 4 Negative Selbstkonzepte erkennen und verändern

Kinder schreiben sich schon früh Begabungen und Fähigkeiten in einzelnen Schulfächern zu (vgl. RISEL 2003 b). Sie haben ein Selbstbild als Sportler(in), als Mathematiker(in) oder eben als Rechtschreiber(in). Dieses Selbstbild, von den Psychologen Selbstkonzept genannt und als Teil der Motivation betrachtet, speist sich nach FABER (1992) aus der langfristigen Lerngeschichte im Rechtschreiben, aus der gegenwärtigen Rechtschreibleistung und aus aufgabentypischen Einschätzungen. Letzteres meint Einflüsse auf die Selbstwahrnehmung durch Erfolge oder Misserfolge bei spezifischen Unterrichtsthemen: Großschreibung, *ie* usw.

Nach Misserfolgen bei Diktaten oder anderen Leistungsanforderungen nehmen Schwächere oft Ursachenzuschreibungen vor wie Pech, Aufgabenschwierigkeit oder Zufall. Damit hat das Individuum den „Schwarzen Peter" weggeschoben, es muss sein Verhalten nicht ändern. Dies gilt auch für gutes Abschneiden (nicht nur von leistungsstarken Kindern), wenn Leistungen mit Glück (oder bei Letzteren: guter Begabung), jedoch nicht mit Anstrengung erklärt werden. Dies ist für den Unterricht unerwünscht. Unterricht muss so gestaltet sein, dass auch Schwache wieder Erfolge haben können, dass sie den „Schwarzen Peter" nicht weiterreichen, sondern über Anstrengung, Aufmerksamkeit und Fleiß zu guten oder doch verbesserten Ergebnissen kommen können.

Kinder, die nicht schon sehr stark in einem Teufelskreis aus Vermeidungsverhalten, Übungsrückständen, Misserfolgen und negativer Selbsteinschätzung gefangen sind (vgl. BETZ/BREUNINGER 1993), können über bewältigbare Aufgaben und schnelle, präzise Leistungsrückmeldung zu neuem Selbstvertrauen kommen. Das heißt, dass neben anderen Arbeitsformen Wortdiktate mit „strategischen" Wörtern oder Lückendiktate zu kürzlich erarbeiteten Phänomenen (im Gegensatz zu oft überfordernden Langdiktaten) Anstrengung und Können auch von Schwächeren dokumentieren und bei Benotung die nicht unwichtige Zensur im Fach beeinflussen können.

Gerade leistungsschwache Kinder müssen eine realistische Selbsteinschätzung ausbilden. Einige neigen zur völligen Überschätzung, insbesondere bei schwachen Leistungen. Oder sie streben an, von einer Vier auf eine Eins im Diktat zu kommen. Diese Diskrepanzen abzubauen, die Selbstsicht auf eine wirklichkeitsnahe Grundlage zu stellen, dazu bedarf es geduldiger Gespräche und auch schriftlicher Rückmeldungen, wie sie in Kopiervorlage 4 vorgeschlagen werden. Erprobungen solcher Rückmeldebogen haben gezeigt, dass Kinder allerdings erst im zweiten Halbjahr der dritten Klasse zu reflektierenden Äußerungen in der Lage sind. Erste Ergebnisse dokumentieren einmal, dass Kinder ihre Lernschwierigkeiten beim Rechtschreiben teilweise recht pauschal („Leichtsinnsfehler", „schwierige Wörter"), teilweise aber schon präzise benennen können („Dopplung", „i-Laute" oder „Buchstaben vergessen" u.a.m.). Negative Selbstkonzepte finden sich in Äußerungen wie „Weil ich es immer falsch mache", „weil es so kompliziert ist", „weil ich nicht so gut bin" (REUTER 2002, S. 16) oder in der Stellungnahme, zu Hause alles zu wissen, in der Schule jedoch alles wieder zu vergessen (vgl. KRETSCHMER 2002, S. 17). Auch eine gelegentlich zu hörende Wertung vom Typ „Da kann man nichts machen, wir wissen nicht, woran es liegt" zeigt in diese Richtung. Solche resignativen Stellungnahmen kommen zwar nur von einer Minderheit. Aber Lehrende müssen sich gerade um diese „Sorgenkinder" besonders kümmern und ihnen frühzeitig Unterstützung geben. Auch findet sich der Diskrepanz-Typ in der Befragung, also Kinder, die trotz schlechter Rechtschreibleistung, Note vier oder darunter, mit ihren Leistungen „zufrieden" sind.

Als Ursachenzuschreibungen für schlechte bzw. gute Diktate „nannten viele, dass sie nicht genug oder eben genug geübt haben"(REUTER 2002, S. 16). Nur einmal wird „weil ich mich anstrenge" genannt. Je einmal wird die Länge des Diktats und dessen Leichtigkeit herangezogen. Daneben finden sich viele Hinweise auf unzureichende bzw. ausreichende Konzentration, ebenso auf Aufregung in der Diktatsituation. Zwei Kinder können sich Wörter nicht merken oder sie wissen etwas nicht näher Bezeichnetes nicht. – Gut können einige Kinder „kurze Wörter".

Die Mehrzahl der Äußerungen bezieht sich auf die eigenen Defizite, allerdings ohne rechtschreibspezifische Ausprägung. Gerade das diffuse „Üben" muss für Kinder in einzelne Handlungen gegliedert werden: Wie schreibe ich richtig ab, wie finde ich vergessene Buchstaben, wie kann ich die Großschreibung entscheiden …?

Die Frage, was sie in nächster Zeit ganz anders machen möchten, beantworten die Schülerinnen und Schüler (vgl. KRETSCHMER 2002, S. 15, REUTER 2002, S. 15) sehr unterschiedlich:
Sie wollen ...

- ihre Schrift ändern.
- das Abschreiben verbessern.
- mehr zu Hause üben.
- Diktate am Ende noch gründlicher durchlesen.
- keine Wörter mehr vergessen.
- in Deutsch besser werden.
- beim Rechtschreiben besser werden usw.

Trotz teilweise pauschaler Antworten wäre es eine verschenkte Gelegenheit, von den Kindern selbst formulierte Veränderungswünsche nicht beim Schopfe zu ergreifen. Die für Rechtschreiberfolge notwendige Anstrengung kann einen deutlich geäußerten Durchhaltewillen der Betroffenen gut gebrauchen. Das oft fehlende Kontroll- wie das ausgeprägte Rateverhalten (11 von 14 befragten Viertklässlern bekennen sich zum Raten, vgl. KRETSCHMER 2002, S. 18) können zudem erst dann in die gewünschte Richtung verändert werden, wenn Lehrkräften und betroffenen Kindern das Verhalten überhaupt bewusst ist.

| Name: | # Meine Meinung zum Rechtschreiben | KV 4 |
| --- | --- | --- |

1. Beim Rechtschreiben hatte ich in letzter Zeit diese **Schwierigkeiten**:

2. Ich kann beim Rechtschreiben **gut**:

3. Beim Rechtschreiben habe ich das zurzeit **vergessen**:

4. In nächster Zeit möchte ich dies noch lernen oder **verbessern**:

5. Wenn ich ein **schlechtes** Diktat schreibe, hat das diesen Grund:

6. Wenn ich beim Diktat **gut** bin, kommt es daher, dass …

7. Ich **kontrolliere**, was ich schreibe
   O oft O manchmal O selten. (Kreuze eine Antwort an!)

8. Ich rate, wenn ich Wörter aufschreibe
   O oft O manchmal O selten. (Kreuze eine Antwort an!)

9. Mir macht das Rechtschreiben im Augenblick
   **Spaß**, weil
   ODER: **keinen Spaß**, weil

10. Mit meinen **Noten** bei Diktaten bin ich
    O sehr zufrieden O zufrieden O nicht ganz zufrieden. (Kreuze eine Antwort an!)

# 5 Hinweise zur Fehleranalyse

Wer einen Rechtschreibunterricht gestalten will, der nicht über die Köpfe der Kinder hinweg erteilt wird, braucht Hinweise auf den Lernstand der Kinder. Dies ist seit langem bekannt, wird aber in der Praxis aus verschiedenen Gründen eher selten in die Tat umgesetzt.

Die schriftlich festgehaltene **Lernbeobachtung** einzelner Kinder ist eine Möglichkeit, die jeweilige Sensibilität für Rechtschreibschwierigkeiten, Regelanwendung, den Umgang mit dem Wörterbuch u.a.m. zu dokumentieren (vgl. STOLLA 1999). Außerdem können **Rechtschreibtests** wie die Hamburger Schreibprobe (HSP) oder der Diagnostische Rechtschreibtest (DRT) Aufschlüsse über die Leistung eines Kindes, einer Lerngruppe oder einer ganzen Klasse geben. Besonders interessant ist bei diesen Leistungsmessungen die Vergleichbarkeit der Ergebnisse. Da die Tests geeicht sind, lässt sich leicht bestimmen, ob ein Kind über- oder unterdurchschnittlich erfolgreich ist.

Eine relativ unkomplizierte **Fehleranalyse** besteht darin, einige Texte von Kindern hinsichtlich der Normabweichungen so auszuwerten, dass diese möglichst neutral beschreibend in ein Raster eingetragen werden, s.u. (verändert nach RISEL 1997 a). Wird dies auf diktierte **und** von den Kindern selbst verfasste Texte mehrmals angewandt, so ergibt sich ein nicht zu stark zufallsabhängiges Bild von den Rechtschreibleistungen. Werden nur Diktate herangezogen, bleibt der eigene Wortschatz des Kindes außer Betracht. Bei kleinen Stichproben entstehen Verzerrungen zum Beispiel durch das Textthema oder die Wortauswahl in Diktaten, aber auch durch die Tagesform der Kinder. Abzuraten ist von vorschnellen Zuweisungen der Fehlschreibungen zu Flüchtigkeitsfehlern oder Konzentrationsmangel.

Zu empfehlen ist die Diagnose am Anfang eines Schuljahres, wenn man eine Klasse übernimmt, aber auch zu anderen Zeitpunkten im Schuljahr für einzelne „Sorgenkinder". Wegen des geringen Fehleraufkommens bei „guten" Schülerinnen und Schülern bringt eine Fehleranalyse für sie wenig (vgl. RISEL 1997 a). Vom Arbeitsaufwand her kann eher pauschalierend und mit einer umfangreicheren Restkategorie erfasst werden (s. Raster für Klasse 2) oder eher differenzierend, was vor allem für einzelne Kinder angebracht ist, (s. Raster für Klasse 4). Letzteres ist deshalb sinnvoll, weil es für individuelle Lernfortschritte von Bedeutung ist, ob ein Kind eher übergeneralisiert (zu viele Wörter großschreibt oder zu viele /f/-Wörter mit *v* schreibt) oder ob es untergeneralisiert (zu wenig Doppelbuchstaben bei Vokalkürze usw.).

Bei allen Fehleranalysen sollte beachtet werden, dass leicht eine Defizitfixierung entsteht und das schon vorhandene **Können** der Kinder aus dem Blick gerät. Die Frage, was die Lernenden schon können, sollte Fehleranalysen begleiten.

## Vereinfachte Fehlererhebung für Klasse 2

1. **Groß-/Kleinschreibung**
   Schwerpunkte (Konkreta/Abstrakta, fehlende Großschreibung ...)
2. Laute sind **nicht vollständig** oder in **falscher** Reihenfolge verschriftet
   Schwerpunkte
3. Laute sind **falsch** wiedergegeben
4. **Vokallänge/-kürze** ist nicht oder falsch markiert
   Schwerpunkte:
   - doppelte Konsonantenbuchstaben inkl. *ck*, *tz* fehlen/überflüssig
   - „Dehnungs-*h*" fehlt/überflüssig
   - ie fehlt/überflüssig
   - Sonstiges (*ih*, *i*, *ieh*, doppelte Vokalbuchstaben)
5. **Morphematische Fehlschreibungen**
   - Auslautverhärtung
   - *ä/e*, *äu/eu*
   - *sp/st*
   - *ver-*
6. **Sonstiges** (Oberzeichen, Wort- und Buchstabenruinen, weitere Rechtschreibphänomene, Interferenzfehler aus Erstsprache/Dialekt)

## Fehlererhebungsbogen für Klasse 4

**Laut-Buchstaben-Beziehungen innerhalb des Wortstamms**

1. Konsonantenbuchstabe einfach statt doppelt
2. Konsonantenbuchstabe doppelt statt einfach
3. Längenmarkierung *-h* fehlt
4. Längenmarkierung *-h* falsch
5. Längenmarkierung bei *i* fehlt
6. Längenmarkierung bei *i* falsch
7. Fehler bei *s/ß*
8. Fehler bei *f/v/ph*
9. *g/k*-Fehler im Anlaut/Inlaut
10. *d/t*-Fehler im Anlaut/Inlaut
11. *b/p*-Fehler im Anlaut/Inlaut
12. *b/d/g-p/t/k* im Auslaut
13. Konsonantenbuchstabe fehlt
14. Konsonantenbuchstabe hinzugefügt
15. Konsonantenbuchstabe falsch/vertauscht
16. Vokalbuchstabe fehlt
17. Vokalbuchstabe falsch
18. Umlautzeichen fehlt
19. Sonstige Lautfehler (*z/ch/g*, *st/sp* ...)

**Fehler im Bereich der Wortbausteine außerhalb des Stamms**

20. Dativ-Endung fehlt/falsch
21. Akkusativ-Endung fehlt/falsch
22. Sonstige Flexionsendungen fehlen/falsch
23. weitere Wortbausteine falsch

**Fehler auf der Wortebene**

24. Nomen klein
25. Nicht-Nomen groß
26. getrennt statt zusammen
27. zusammen statt getrennt
28. *das/dass* falsch
29. Fremdwort falsch

**Fehler auf der Satzebene**

30. Satzanfang klein
31. Satzschlusszeichen fehlt
32. Zeichensetzung wörtliche Rede

**Sonstige**

(Worttrennung am Zeilenende, Wortruinen, Kommatierung)

Erläuterungen:
Bei 8 finden sich auch *ver*-Fehler, die eigentlich gesondert bei den Wortbausteinen aufzuführen wären. Unter 13 müssten die Fehlschreibungen gesondert betrachtet werden, die „Verletzungen" der Wortbausteine (**Fahrad*) darstellen. Gesonderter Betrachtung bedürfen die *ig*-Fehler in 18, weil die Morphemebene betroffen ist. Bei den Nomenkleinschreibungen unter 24 sollte differenziert werden, inwiefern Abstrakta betroffen sind, Substantivierungen *(beim Essen)* oder die Wortfolge Artikel-Adjektivattribut-Nomen (*das neue Fahrrad*, vgl. HECKEL 1980).

# 6 Sinnvolle Diktatvarianten

Das Diktat als rechtschreibliche „Arbeitsform" ist in der Unterrichtspraxis so fest verankert, wie es wissenschaftlich bis zur völligen Ablehnung hin umstritten ist. Wesentliche Argumente hierzu finden sich bei MENZEL (1997) und FIX (1994). Aus unterrichtspraktischer Kritik haben sich seit einer Reihe von Jahren methodische Varianten herausgebildet, die in alle Sprachlehrwerke und in den Unterricht Eingang gefunden haben: Dosendiktate, Schleich- oder Fensterbankdiktate u.Ä. Ihnen ist gemeinsam, dass sich die Kinder „Diktierhappen" oder ganze Sätze einprägen, diese aufschreiben und anschließend kontrollieren. Zugrunde liegt solchen Arbeitsformen die Annahme, dass man durch häufiges Lesen und Schreiben ganzer Wörter diese in ein inneres Rechtschreiblexikon überführe. Da solches Ganzwortlernen, noch dazu unter Überbetonung der visuellen und der Schreibkomponente, zumindest nicht allen Kindern gerecht wird (vgl. THOMÉ 1999) und auch mit neueren Annahmen zum Rechtschreibprozess nicht übereinstimmt (vgl. Abschnitt 1), werden nachfolgend andere Diktatformen vorgeschlagen. Mit STOLLA (1999) ist vorab darauf zu verweisen, dass Rechtschreibkönnen vielfältig beobachtet werden kann und Leistungsfeststellung des Diktats prinzipiell nicht bedarf. Er schlägt Beobachtungsbögen vor, die die Arbeit der Kinder mit dem Wörterbuch, die Sensibilisierung für subjektiv Leichtes und Schweres, ihre Bereitschaft zum richtigen Abschreiben, die Kenntnis von Regeln u.a.m. erfassen.

Zusätzlich zu solchen Beobachtungen scheinen bestimmte Diktatformen jedoch funktional zu sein für einen Unterricht, der Sprachdenken anbahnen und durch zahlreiche Schreibanlässe gleichzeitig Schreibroutinen ausbilden will.
**Wortdiktate** können der Übung und Überprüfung von Wörterlisten mit Ausnahme- oder fehlergefährdeten Wörtern (*Qu*-Wörter; *trotzdem...*) dienen. Die Vorgabe von Lückensätzen liefert hier einen Bedeutungskontext für das diktierte Wort, was für schwächere Kinder wichtig ist.
**Erstbuchstaben- oder Lückendiktate** fokussieren nur ein Phänomen im Wort, das zuvor gelernt wurde, die Großschreibung von Nomen oder die Auslautverhärtung beispielsweise. Die Konzentration auf dieses eine Phänomen ermöglicht den „Sorgenkindern", sofern sie sich anstrengen, Teilerfolge, die negative Selbsteinschätzungen verändern können.
**Selbst- und Partnerdiktate** als Übungsformen ergänzen andere Diktatformen und das Schreiben wichtiger Wörter in freien oder angeleiteten Texten. Ein Wort wie *vielleicht* bloß situativ zu verwenden würde nicht ausreichen, um sein Behalten langfristig zu sichern.
**Gruppendiktate** bieten die Grundlage für Rechtschreibkonferenzen, in denen die Kinder sich gegenseitig auf Fehler aufmerksam machen und in ihren eigenen Worten Rechtschreibprobleme beschreiben. Dabei diktiert der Lehrer wenige Sätze, die Phänomene des bisher Gelernten enthalten müssen. Die Kin-

der sitzen in Gruppen und haben nach jedem Satz Gelegenheit, sich auszutauschen und den Satz zu verbessern. Ziel jeder Gruppe muss es sein, identische Sätze, die fehlerfrei sind, vorzuweisen. Ist dies der Fall, bekommt der Lehrer am Galgenmännchen o.Ä. einen Strich für jeden richtigen Satz, umgekehrt die Gruppe. So „spielen" die Gruppen gegen den Lehrer und gegeneinander. Die Motivation kommt von außen, vom Gewinnenwollen. Außerdem ist die pädagogisch oft unerwünschte Konkurrenz im Spiel. Dennoch ist diese Lernform produktiv, denn sie zeigt auch, inwieweit die Kinder Gelerntes wirklich verstanden haben und wie und ob sie die Begriffe und Verfahren des Unterrichts übernommen haben. Eine Erprobung an Kleingruppen hat ergeben, dass sich vier bzw. fünf Niveaus kindlicher Auseinandersetzung mit den Schreibproblemen unterscheiden lassen (vgl. Risel 2001):

1. das wiederholende, meist wortweise **Nachsprechen** des Satzes oder seiner Teile, auch silbisches Nachsprechen von Wörtern
2. die bloße Benennung von subjektiv **selbstverständlichen** Wissensbeständen an Problemstellen („müssen mit zwei s", „Tiere mit i-e")
3. die **objektsprachliche** Isolation von Rechtschreibschwierigkeiten durch abweichende **Betonung** („Die Angel", „Foreele – Forelle")
4. das Hinzuziehen **metasprachlicher** Begriffe
   a) des Lehrplans („ein Wort", „Dopplung", „kurzer Selbstlaut" usw.)
   b) eigener Prägung („Bremser" für Konsonanten-Doppelbuchstaben, „Anbau" für Wortbaustein usw.).

Einschränkend muss angemerkt werden, dass die Kinder nicht immer alle Fehler finden, eventuell auch etwas Richtiges falsch machen und im Gespräch Problemstellen in Wörtern manchmal nur kurz ansprechen, aber nicht bearbeiten. Die positiven Effekte überwiegen jedoch. Die Methode eignet sich besonders für kleine Klassen oder Stützkursgruppen.

Zu **Langdiktaten**, wenn sie denn doch durchgeführt werden, gibt es eine Anzahl Vorschläge, die diese traditionelle Arbeitsform „produktiver" machen sollen. Beispielsweise sind Differenzierungen möglich, d.h. dass reduzierte Textmengen oder Lückentexte für Schwache angeboten werden. Klenck (1997) bringt die Verwendung des **Wörterbuchs** ins Spiel. Eigene Vorschläge zielen auf die stärkere Anbindung des Diktats an den vorausgegangenen Unterricht (**lernzielorientiertes** bzw. **angepasstes Diktat**, vgl. Risel 1997b), wobei eine gewisse Phänomenhäufung – traditionellen Auffassungen zum Trotz – in Kauf zu nehmen ist. Ebenso kann das rechtschriftliche Überarbeitungsverhalten durch die gezielte Benutzung von **Prüflisten** gefördert werden, s.u. Die Kinder bekommen dabei nach dem (nicht zu langen) Diktat Zeit, nach individuellen Problembereichen zu suchen, etwa nach Wörtern mit Großschreibung. Vor der Abgabe werden die Kinder gefragt, wer wie viele Fehler mit der Prüfliste gefunden hat. Dies kann andere anspornen, intensiv nach weiteren Fehlern zu suchen.

**Prüfliste für Klasse 4 – Auszug**

| selten | manchmal | oft | |
|---|---|---|---|
| O | O | O | Langes „i" als *ie* geschrieben? Ausnahmewort mit *i* oder *ieh*? |
| O | O | O | Großschreibung: der-die-das-Probe im Satz gemacht? -ung, -heit, -keit, -nis? |
| O | O | O | ä und äu: a- und au-Verwandte gesucht? |
| O | O | O | Wörter mit kurzem Selbstlaut: Dopplung erforderlich? |
| … | | | |

Färbe einen, zwei oder alle drei Kreise, wenn du das Rechtschreibproblem selten, manchmal oder oft hast.

Beim Korrigieren sollten für Schwächere an geeigneten Stellen (mit Bleistift) zwischen den Zeilen Rückmeldungen gegeben werden (**kommentiertes** Diktat, vgl. Risel 1997b). Beispiele:

*ligt* – langes „i" – fast immer …
*im schrank* – der Schrank
*schnel* – kurzes „e" … usw.

Auf keinen Fall darf unter Diktaten nur eine Fehlerzahl mit Note stehen. Eine kurze Fehlerbündelung wie auch ein Hinweis auf vorhandene Lernfortschritte schaffen Transparenz. Pauschale Wertungen wie „Prima", „Gut" oder „Mehr üben!" sind wenig hilfreich. Ganz pragmatisch sollte Stressabbau durch langsames und häufiges Vorlesen des Textes erfolgen. Die „Diktierhäppchen" sollten im Umfang variieren, ausgehend von kürzeren Wortgruppen sollten beim Wiederholen Erweiterungen für die schnelleren Kinder erfolgen. Eine weitgehende Orientierung an Sinneinheiten/Satzgliedern ist vorauszusetzen. Die „Fingerkontrolle", am letzten Wort des Textes beginnend, um die Sinnerwartung nicht aufzubauen, kann helfen, fehlende Wörter und Buchstaben so eher zu entdecken. Schwächere sollten Verbesserungen selektiv anfertigen, so dass sie für ihre Lernschwierigkeiten nicht zusätzlich bestraft werden. Außerdem ist die Kontrolle so überschaubarer vorzunehmen. Vorschläge zu Verbesserungen finden sich bei Menzel (1997).

Dass Langdiktate auch eine **Diagnosegrundlage** sein können, wurde im vorangehenden Abschnitt festgestellt.

# 7 Sachanalysen, didaktische Kommentare und Hinweise für einzelne Themen

Die Ratgeberfunktion des Buches konzentriert sich auf die Bereiche, die in der jeweiligen Überschrift angesprochen sind. Auf die Ausbringung von konkreten Lernzielen wurde verzichtet, so dass konkrete Unterrichtsplanungen zwar erfolgen können, aber keine Einengung gegeben ist. Da gerade beim Rechtschreiben ein großer Übungsbedarf besteht, sollten auf dem Markt befindliche Materialien – schulbuchbezogene wie schulbuchunabhängige – einbezogen werden, wenn sie lernförderlich gestaltet sind.

## 7.1 Lautbezogene Phänomene

In diesem Abschnitt werden Hilfen für die Vermittlung von Laut-Buchstaben-Beziehungen gegeben, die nicht wie die Kurzvokalschreibungen 1:1 strukturiert sind. Außerdem zeigt der erste Teilabschnitt, dass Kinder grundlegend für Artikulation sensibilisiert werden müssen. Sie sollen über ihre eher diffusen Wahrnehmungen nachdenken, denn Lautbewusstheit ist eine wichtige Kompetenz beim Erwerb der Schriftsprache. Einheiten oberhalb der Einzellaute, Silben, sind die Grundlage für die Trennung am Zeilenende. In diesen Regelbereich spielen auch Wortbausteingliederungen hinein (*her-ab* und *he-rab*, morphematische und silbische Trennungsmöglichkeit), dennoch ist wegen der Häufigkeit von silbenorientierten Trennungen das Thema unter den Lautphänomenen aufgeführt. Dies gilt auch für Wörter mit *ver-*, um den Phänomenbereich (*v*/*f*) nicht zu zerreißen, obgleich in diesem Fall auch die Morphemebene bedeutsam ist.

### 7.1.1 Artikulieren - Laute bewusst machen

**Thema der Klassen 1–4**

#### Sachanalyse

Das Schreiben nach Lauten (Lautprinzip, phonologisches Grundprinzip, vgl. NERIUS ET AL. 1989) ist für die deutsche Rechtschreibung bekanntlich von großer Bedeutung. Die abstrakten „Laute", d.h. die von individuellen oder regionalen Varianten unabhängig betrachteten Phoneme müssen vollständig und in der richtigen Reihenfolge in Buchstaben umgewandelt werden. Sorgfältiges Sprechen und genaues Hinhören sind für Schreiblerner deshalb ebenso erforderlich wie das Wissen um ihre individuellen Artikulationsweisen und die Fähigkeit, Laute im Wort in ihrer Position zu bestimmen, aber auch für Verwechslungsmöglichkeiten sensibilisiert zu sein.

Obwohl es sprachwissenschaftlich und -didaktisch abweichende Auffassungen gibt (vor allem solche, die Silbenzugänge bevorzugen), wird hier für „durchschnittliche" Schulklassen ein Analysieren und Bewusstmachen von Einzellauten vorgeschlagen. Außerdem wird die Artikulation für die Bildung von „Sprechhäppchen", Silben, bei der Worttrennung am Zeilenende und die Betonung als ein Kriterium zur Zeichensetzung/Satzartenbestimmung und zur Getrenntschreibung benötigt (s. Kapitel 7.1.11, 7.3.2, 7.3.5, 7.3.6). Morphembezogene Phänomene wie Dopplung oder die Stammkonstanz bei Auslautverhärtung haben natürlich ebenfalls lautliche Komponenten.

Bei den Einzellauten ist es eine Tatsache, dass sie abhängig von ihrer Umgebung, insbesondere von ihrer Zugehörigkeit zu betonten oder unbetonten Silben variieren können. Ein /k/ in *Kuchen* klingt anders als ein /k/ in *Kirche*, weil die Artikulationsorgane schon den nächsten Laut mit formen.

Ebenso finden sich erstsprachliche und dialektale Einflüsse, die sich als Normabweichung auf dem Papier niederschlagen. So variiert je nach Region die Vokallänge (Beispiel: *Spaß*; oder ein norddeutsches *Rad* mit kurzem [a]), was die Schreibung einschlägiger Wörter erschwert. Außerdem variiert die Vokalqualität, insbesondere in Norddeutschland, wo *Hund* beinahe mit [o] gesprochen wird oder *Kind* mit [e]. Man denke an den Lehrer aus dem Film „Die Feuerzangenbowle": *die Schöler* ... Auch im konsonantischen Bereich gibt es eine Fülle von Schwierigkeiten, für die Lehrkräfte sensibel sein müssen. Es sei hier nur kurz und ohne Vollständigkeit auf das in manchen Gegenden vokalisierte *r* hingewiesen, das einem geschwächten „a" nahe kommt (Schreibung **Tüa, *schwaz*), auf die /pf/-Reduktion zu [f] (Schreibung **Fanne*), auf *ch/sch*-Probleme im Rheinischen (**isch* für *ich*), auf die süddeutsche Konsonantenerweichung (*g*/*k*...; **glar*) oder die *ch/r*-Verwechslung durch die benachbarten Artikulationsorte bzw. rheinischen Dialekt (**schwachz*).

## Didaktischer Kommentar

Auch nach dem Abschluss des Schreibenlernens im Anfangsunterricht haben schwächere Kinder, sogar über Klasse 4 hinaus, unter anderem das Problem, alle Laute vollständig zu verschriften. Abhängig von der Qualität ihres Unterrichts haben sie lautliche Bewusstheit mehr oder weniger entwickelt. Diese ist nachweislich (vgl. EINSIEDLER 1997) ein bedeutender Schrittmacher beim Erwerb der Schriftsprache. Neben situativem muss es daher geplantes, für die einzelnen Rechtschreibfälle funktionales Artikulieren geben, ebenso besonders in Klasse 2 und Anfang Klasse 3 auch längere Phasen reflektierter Betätigung der Sprechwerkzeuge. Das sinnliche Erfahrbarmachen der Lautproduktion muss mit dem Benennen des Wie und Wo des Gesprochenen eine Einheit bilden. Weder dürfen Kinder auf naives Schreiben nach Gehör noch auf schriftgeleitete Fehlwahrnehmungen (*bei Urlaub höre ich ja ein /b/* ) fixiert sein.

Aus der Praxis des Anfangsunterrichts sind verschiedene Zugänge zur Lautwahrnehmung bekannt. Bei der Gegenüberstellung von stimmhaften und stimmlosen Plosiven wird in einer Einführungs- oder „Schaustunde" gegen eine brennende Kerze gesprochen. Diese flackert bei /b/, /d/, /g/ kaum, wohl aber bei den stimmlosen Pendants. Ebenso können Kinder gegen einen Wattebausch auf der Hand sprechen oder gegen die feinen Härchen auf dem Handrücken (*b-b-b* gegenüber *p-p-p*). Das Kehlkopffassen hilft ebenso wie das Zuhalten der Ohren. Beim Silbieren können Kinder ihr Kinn anfassen, dabei spüren sie die einzelnen Silben als Öffnungsbewegung des Mundes. Lang- und Kurzvokal (s. auch Kapitel 7.2.4) werden durch Dehnung von Gummibändern visualisiert usw.

Damit einher sollte das Bemühen gehen, bei den Kindern ein Kontrollverhalten aufzubauen. Geschriebenes sollte nicht ohne nochmaliges Kontrolllesen zur Seite gelegt werden. Die Fingerkontrolle – parallel zum Lesen fährt der Zeigefinger am Geschriebenen entlang – kann dafür sorgen, dass „vergessene" Wörter und Buchstaben entdeckt werden. Kinder mit Lese-Rechtschreibschwäche, die dieses Problem häufiger haben, sollten gezielt das Suchen fehlender Buchstaben üben ⇒ Kopiervorlage 5 unten.

Immerhin fallen weggelassene Buchstaben für Mitlaute mit 5,5 % (RISEL 1995 für Klasse 4) bis zu 10,2 % Fehlern (REUTER 2002 für Klasse 3) ins Gewicht, die entsprechenden Hinzufügungen schwanken jeweils zwischen 1,3 und 1,6 %.

## Vorgehensweisen

Ansatzpunkt kann das Fehlen von Buchstaben in Beispielwörtern sein. Die Kinder müssen herausfinden, was fehlt, und die Wörter verbessern. Eine zweite Möglichkeit sind Sprachproben jüngerer Geschwister: *Hasensprenger – Rasensprenger.* In einer Sprechblase dargeboten, müssen diese von den Kindern kommentiert werden. Es schließt sich das Nachdenken darüber an, warum das „richtige" Sprechen auch beim Schreiben hilfreich ist.

Eine dritte Möglichkeit ist ein kurzer Bericht über taube oder schwerhörige Menschen, die Gesprochenes von den Lippen ablesen müssen. Die Kinder probieren dies nach einigen Beispielen der Lehrerin selbst aus. Zunächst könnten ohne Lautung die Lippen zu /u/ oder /f/ geformt werden. In Partnerarbeit raten die Kinder weitere „stumme" Laute. Klar wird dabei, dass die Mundstellung nicht immer eindeutig einem Laut zuzuordnen ist. Zum Beispiel ist der Mund geschlossen bei /b/ und /p/ sowie /m/. Als attraktive Variante ist der Einsatz von kleinen Spiegeln möglich (es sind oft Klassensätze für Symmetrieaufgaben des Mathematikunterrichts vorhanden).

Fragen und Aufgaben:

1. Haucht ein paar Mal gegen eure Handflächen. Welcher Laut entsteht?
2. Summt das *s* wie es die Bienen tun, zischt dann ein s wie eine Schlange.
3. Versucht *m* und *n* zu sprechen. Haltet dabei die Nase zu. Geht beides?
4. Ist die Zungenspitze bei *l*, *n* und *t* an derselben Stelle?
5. Welcher Laut klingt lauter, voller: *k* oder *a*?
6. Klingen die beiden *e* in Wetter gleich?
7. Was machen unsere Lippen bei *b* und *p*?
8. Wer bremst die Luft bei *d* und *t*?
9. Sind die Lippen bei *u* oder bei *o* spitzer?
10. Kannst du *f* sprechen, wenn dir die oberen Schneidezähne fehlen?
11. Ein Kind hat *dangke* geschrieben, hat es das Wort richtig gesprochen?

Hinweise in der Reihenfolge der Fragen: Es entsteht das /h/ (Hauchlaut). Das Kehlkopffassen unterstützt die kontrastive Wahrnehmung von /s/ und /z/. – Die Nasale können nicht gebildet werden, weil die Luft durch die Nase entweichen muss, dies gilt auch für *ng.* Die Zungenspitze drückt in etwa an derselben

Stelle gegen den Zahndamm. – /a/ klingt voller, die Vokale sind alle stimmhaft, sie werden ohne Behinderung des Luftstroms gebildet, /k/ dagegen ist ein stimmloser Verschlusslaut. Das Kehlkopffassen zeigt dies, wenn *g-g-g* gesprochen wird.
Es ist sinnvoll, Mitlaute von Selbstlauten durch die Auswahl von „Extrembeispielen“ zu stützen, denn die Nasale etwa sind auch sehr „sonor“, sie heben sich damit nicht stark von den Vokalen ab.
Zu 6: Das erste *e* in Wetter wird auch als /ɛ/ realisiert, das zweite *e* ist der sogenannte Murmelvokal, ein reduziertes „e“.
Zu 7: Bei *b* und *p* verschließen die Lippen den Mund, anschließend öffnen sie sich sehr schnell („Plosivlaut“).
Zu 9: Bei *u* sind die Lippen stärker gerundet.
Zu 10: Der Laut /f/ ist ohne die oberen Schneidezähne nicht artikulierbar (dental-labialer Laut).
Zu 11: Das Kind hat den Nasal /ŋ/ richtig artikuliert und die „Normalversion“ wie in *singen* geschrieben. Vor *k* entfällt jedoch das *g*.
Für die rechtschreiblich wichtige Unterscheidung von Mit- und Selbstlauten inklusive der zugehörigen Buchstaben kann die allerdings etwas abstrakte Aufgabe zum Auszählen der Mitlautbuchstaben dienen (⇒ Kopiervorlage 5). Die Kopiervorlage sensibilisiert zusätzlich für die Vollständigkeit der Verschriftung.
Außerdem sollten Zungenbrecher einbezogen werden. Auch Eltern kennen einige. Sie können auf Kassette aufgenommen und in die Schule mitgebracht werden.

| Name: | **Lauten und Buchstaben auf der Spur** | KV 5 |
| --- | --- | --- |

## Da ist etwas faul

Finde in jeder Zeile die Wörter, in denen ein Buchstabe fehlt!
Markiere die Stelle und schreibe die Wörter richtig auf!
Streiche anschließend die falsch geschriebenen Wörter durch!

a) eingepackt fortgefahren vergeslich heruntergeschluckt betrübt

b) Rechenheft Bademeiste Schulfreud Abfalleimer Wandtafel

c) eifersüchtig herunterkommen zurückschlagen neugirig stehlen

d) aufgedreht abgesprizt eingekauft hergestelt

e) angespitz unglücklich unsichbar hinehmen abbrechen

f) Geburtstagsfeier Gummibärche Vorbereitung Wochenzeitug Sonnenbrile

g) Vogelhäuschen Vorfreude Freudin Anahme

## Mitlaut-Buchstaben zählen

Bäume ☐ Bleistift ☐ frieren ☐ warten ☐ Kreide ☐ dort ☐ du ☐
träumen ☐ Blumenstrauß ☐ fragen ☐ hier ☐ April ☐ neu ☐

Die wenigsten Mitlaut-Buchstaben haben ______ und ______, die meisten hat ______.

## 7.1.2 Wörter mit *ä* und *äu*

**Thema der Klassen 1–4**

### Sachanalyse

Folgt man dem Regelwerk der Rechtschreibreform (vgl. die amtliche Regelung 1996), so gibt es für den kurzen Umlaut [ɛ] eine Hauptvariante der Verschriftung, <e> wie in *hell*, und eine Nebenvariante, <ä> wie in *Hände*. NAUMANN (1989) gibt 88 % für die Hauptschreibung und 12 % für die Nebenschreibung an.

Ähnliches gilt für den Diphthong [oy]. Hier stehen 85 % <eu> 15 % <äu> gegenüber. Die denkbare Verschriftungsvariante <oi> ist illegal, sieht man vom landschaftlichen *Broiler* für *Hähnchen* ab. Wenn solche Schreibalternativen für einen Laut bereitstehen, muss eine Entscheidungsgrundlage herangezogen werden, um die Auswahl der normgerechten Variante zu regeln. Diese Entscheidungsgrundlage liefert das morphematische (vgl. NERIUS ET AL.1989) bzw. Stammprinzip (vgl. GALLMANN/SITTA 1996 a). Letztere formulieren dessen Essenz so: „Schreibe Gleiches möglichst gleich!" (ebd., S. 39).

Zu *ä*: Die Grundregel „Schreibe <e> für [ɛ]" wird ergänzt durch die Unterregel „Für kurzes [ɛ] schreibt man *ä* statt *e*, wenn es eine Grundform mit *a* gibt" (§ 13 des amtlichen Regelwerks). Außerdem decken zwei Unter-Unterregeln (§§ 14 und 15) die Ausnahmen ab: „In wenigen Wörtern schreibt man ausnahmsweise *ä*. Dies betrifft Wörter wie *ätzen, dämmern, Geländer, Lärm, März, Schärpe.*" Und: „In wenigen Wörtern schreibt man ausnahmsweise *e*. Dies betrifft Wörter wie *Eltern* (trotz *alt*), *schwenken* (trotz *schwanken*)."

In den Erläuterungen zu § 14 wird noch auf einige Homophone hingewiesen: *Äsche/Esche, Färse/Ferse, Lärche/Lerche.* Diese Fallgruppe wird durch das Homonymie-Prinzip (GALLMANN/SITTA 1996 a: „Schreibe Ungleiches ungleich!", S. 43) bzw. die morphemdifferenzierende Tendenz innerhalb des morphematischen Prinzips nach NERIUS et al. (1989) theoretisch abgedeckt.

Zu *äu*: Entsprechend formuliert § 16 „Für den Diphthong [oy] schreibt man *äu* statt *eu*, wenn es eine Grundform mit *au* gibt. Dies betrifft flektierte und abgeleitete Wörter wie *Häuser* (wegen *Haus*), er *läuft* (wegen *laufen*), (…) *Mäuschen* (wegen *Maus*), (…) *sich schnäuzen* (wegen *Schnauze*) und *verbläuen* (wegen *blau*)." Die beiden letzten Beispiele sind bekanntlich Ergebnis der Rechtschreibreform, die das morphematische Prinzip verstetigen will. *Häuser* steht mit Plural-Umlaut prototypisch für die genannten flektierten Wörter, *Mäuschen* für die abgeleiteten. § 17 erfasst Ausnahmen, bei denen *äu* ohne Grundwort auf *au* geschrieben wird: *„Knäuel, Räude, sich räuspern, Säule, sich sträuben, täuschen."*

Die Sachanalyse legt also nahe, zu Beginn der Grundschule zunächst mit „Faustregeln" (GALLMANN/SITTA 1996 a, a.a.O.) die Hauptschreibungen zu vermitteln, später über Analogiebildung die Nebenvarianten zu thematisieren und die Ausnahmeschreibungen in Wortlisten zu erfassen oder situativ zu bearbeiten.

### Didaktischer Kommentar

Mit Recht sprechen Bildungspläne die *ä-/äu*-Schreibung schon in Klasse 1 und 2 an und behalten diesen Inhalt bis Klasse 4 bei. Das stimmt insofern mit den Forschungen zum Schriftspracherwerb überein, als MAY (vgl. 1993) die Umlautschreibungen *ä/äu* zu den relativ früh erworbenen Rechtschreibkompetenzen rechnet und sie von den Vokalkürze- und -längemarkierungen am Ende der Grundschulzeit abhebt.

Unterricht zu *ä* und *äu* in Klasse 3 oder 4 dient nicht der Einführung, sondern muss an vorhandenes Wissen der Kinder anknüpfen, dieses auffrischen, bewusst machen und vertiefen. Im Anfangsunterricht sollten die beiden Umlautschreibungen getrennt, in Wiederholungsstunden können sie auch gemeinsam thematisiert werden.

In meiner Untersuchung lag die Fehlerquote für Klasse 4 bei 1,4 %. VOGT (2002) stellt dagegen rund 6 % Fehler in einer dritten und einer vierten Klasse fest. Es gibt Anzeichen dafür, dass vor allem schwächere und ausländische Kinder hier eine Lernhürde vorfinden. Manche Kinder ausländischer Herkunft verfügen auch nicht über den Wortschatz, um „verwandte" Wörter heranziehen zu können. Sie benötigen Vorgaben. Ins Gewicht fallen gegenüber der Fehlerquote eher die „vergessenen" Umlautzeichen (RISEL 1997 a: 3,2 %, MENZEL 1985: 3,5 %, VOGT 2002: 4 %). Letztere Fehlerart findet sich häufiger bei Jungen als bei Mädchen.

Ab der zweiten Hälfte von Klasse 2 ist eine kontrastierende Arbeitsweise durchaus angemessen, die Gefahr der so genannten Ähnlichkeitshemmung gering, wenn die Regel „*äu* nur bei *au*-Verwandten, *ä* nur bei *a*-Verwandten" erarbeitet wurde. Gegen Ende der Grundschule sollte Wortschatz einbezogen werden, der sich nicht nur auf Prototypen wie *Gräser* oder *Häuser* erstreckt.

Regionalsprachliche Einflüsse bewirken in diesem Bereich kaum Fehler, obwohl es z.B. im Schwäbischen einen Vokalwechsel bei *a/e/ä* gibt (*ein Epfel* für *ein Apfel*) oder Norddeutsche **Medchen* oder **Reder* schreiben könnten. Einflüsse aus dem Erstsprachgebrauch von ausländischen Kindern ergeben sich beim Türkischen auf der Buchstabenebene. Hier gibt es kein <ä> und kein <äu> (dafür <oy>). Es ist also für den Unterricht mitzubedenken, in welcher Region er stattfindet und wie die Klasse zusammengesetzt ist. Über beide Aspekte kann mit den Kindern nachgedacht werden, Artikulations- bzw. Schreibvarianten sollten kurz angesprochen werden.

Didaktisch reduziert werden kann in den Unterrichtsstunden den Stamm-Aspekt. Wie eigene Erhebungen gezeigt haben, steht morphologisches Wissen im Durchschnitt in der Grundschule nicht so gesichert zur Verfügung, als dass man unbesehen darauf zurückgreifen könnte. Ersatzweise kann von „Verwandten mit *a* oder *au*“ oder „das Wort kommt von …“ gesprochen werden. Bei Kindern, deren Wortschatz nicht altersgemäß entwickelt ist, sind hier insofern Probleme zu erwarten, als sie bei einem Wort wie *Geräusch* nicht unbedingt das Verb *rauschen* zuordnen. Darum sind individuelle Vorgaben und Hilfen erforderlich. Weggelassen werden können Homophone wie *Lerche/ Lärche, weil* sie nicht häufig im Gebrauch sind.
Vor der kognitiven Komponente („Verwandte suchen“) ist die lautliche Bewusstmachung des Phänomens unerlässlich, dies gilt vor allem für *äu*.
Gerade für Rechtschreibstunden gilt der Imperativ der Handlungsorientierung. Das heißt, dass Sprache vergegenständlicht zum Reflexionsgegenstand gemacht werden muss. Insofern ist die Isolation von Wörtern aus Kontexten erforderlich. Auch Memorierhilfen bieten sich an. Um die *äu*-Wörter ebenfalls einzubeziehen, bietet sich folgender Merksatz an: „Josefine weiß genau: *ä* kommt von *a, äu* kommt von *au*.“ Wegen der fehlenden 1:1-Zuordnung bei /oy/ muss er unbedingt visuell präsent sein. Der Merksatz vereinfacht den Sachverhalt insofern, als er nicht zwischen langem und kurzem [ɛ] differenziert.

## Vorgehensweisen

Eine Einführungsstunde in Klasse 2 kann mit einer Zuordnungsaufgabe von Wort- und Bildkarten an der Tafel begonnen werden: Hand, Hände und entsprechende Bildkarten.
Wird später ein „Störenfried“ eingestreut (*Kern* zum Beispiel), so provoziert dies Begründungen der Kinder. Bei *äu*-Wörtern kann analog verfahren werden. „Störenfried“ könnte bei diesen *Freund* sein. Die Kopiervorlage 6 dient der Übung und stützt die Zuordnung durch visualisierte Ankerbegriffe: *Eule* und *Räuber*. Diese verknüpfen den Laut mit einem geschriebenen Modellwort.
Eine Wiederholungsstunde kann mit dem fiktiven Problem einer Schülerin, Josefine, eröffnet werden, die als Hausaufgabe eine Räubergeschichte schreiben soll. Eine entsprechende Abbildung stützt die verbale Einführung. Beim Schreiben sind nun drei Varianten des Schlüsselwortes entstanden: ~~*Roiber*~~, ~~*Reuber*~~ und *Räuber*.
Die Kinder sollen die drei auf Karton präsentierten Schreibweisen kommentieren und die Bezugswörter *rauben* oder *Raub* an der Tafel notieren. Außerdem umkringeln sie au und äu farbig. Als Merkhilfe im Unterrichtsgespräch bieten sich wieder *Eulen-eu* und *Räuber-äu* als objektsprachliche Ankerbegriffe an. Die Kinder komplettieren einen Teil des späteren Merksatzes: *äu kommt von (au).*
Danach kann die Aufmerksamkeit auf die Fehlschreibung ~~*lecheln*~~ im Kontrast zu *lächeln* gelenkt werden. Auch hier notieren die Kinder das Bezugswort und markieren *ä/a*. Anschließend komplettieren sie einen weiteren Merksatzteil: *ä kommt von (a)* und setzen diesen mit der Vorgabe *Josefine weiß genau:* zur o.g. Merkhilfe zusammen. Dann sortieren sie an der Tafel weitere Wörter mit ihren „Verwandten“ (Magnetkärtchen). Es kann folgendes Tafelbild in Klasse 4 entstehen:

| | |
|---|---|
| ***äu*** von ***au*** | ***ä*** von ***a*** |
| ***häufig*** kommt von | ***der Stängel*** kommt von |
| ***der Haufen*** | ***die Stange*** |
| ***säubern*** kommt von | ***das Rätsel*** kommt von |
| ***sauber*** | ***raten*** |
| die ***Kräuter*** kommt von | ***die Plätze*** kommt von |
| ***das Kraut*** | ***der Platz*** |
| ***das Geräusch*** kommt | ***tatsächlich*** kommt von |
| von ***rauschen*** | ***die Tatsache*** |

Als „Kuckucksei“, das die Regel verdeutlicht, fungiert das übrig bleibende Wort ***Beute***.
Wenn der Merksatz geschrieben und die schriftliche Arbeitsphase erklärt ist, schreiben die Kinder nun mit und ohne Vorgabe Wörter mit gleichem Stamm auf. Hierbei können sie die Partner/innen befragen. Die Selbstkontrolle erfolgt durch an einigen Stellen ausgelegte Lösungsblätter. Die Lehrperson sollte bei der „Überwachung“ dieser Kontrolltätigkeit u.a. auf fehlende Umlautzeichen achten.
Für schnellere Kinder wird eine qualitative Differenzierungsaufgabe bereitgehalten. Es wird nach Ausnahmen wie *Lärm, März, Geländer und Dämmerung* gefragt, die nicht durch Herleiten geklärt werden können. Im Anschluss an die Kontrolle werden die Ausnahmewörter mit der gesamten Klasse besprochen.
Als Kontrast zu den Schreibaufgaben sollen die Kinder am Ende der Stunde zu Lückenwörtern auf Karton wie *B_ _ le* verschiedenfarbige Kärtchen hoch halten: *ä* oder *e, äu* oder *eu*. Dadurch wird das Denken für alle sichtbar. Um Rateverhalten zu reduzieren dürfen die Kärtchen aber erst nach einigen Sekunden gezeigt werden. Richtiges und Falsches wird jeweils nach den Mustern: *Geräusch kommt von rauschen* bzw. *Beule hat keinen au-Verwandten* kommentiert.

| Name: | Wörter mit *eu* und *äu* | KV 6 |
|---|---|---|

# Eulen-*eu* oder Räuber-*äu*?

B?te aufr?men

Z?ne Tr?me M?schen Sch?ne H?ser B?me Fr?de sch?men verb?lt

1. Sprich die Wörter mit dem Fragezeichen. Prüfe, ob es einen *au*-Verwandten gibt oder nicht. Verbinde dann mit *Eule* oder *Räuber*.

2. Schreibe alle *äu*-Wörter hier auf:

Lösung: Zäune, Träume, Mäuschen, Häuser, Bäume, schäumen, aufräumen

3. Ordne die passenden Wortpaare zusammen und färbe *äu*:

| | |
|---|---|
| Mäuerchen Träumer Käuzchen Gebäude Säure Räume | Kauz bauen Mauer Traum Raum sauer |

| Name: | **Wörter mit *ä* und *äu*** | KV 7 |
|---|---|---|

## Ärger mit *Ä*

(1.) Einige Kinder sprechen hier

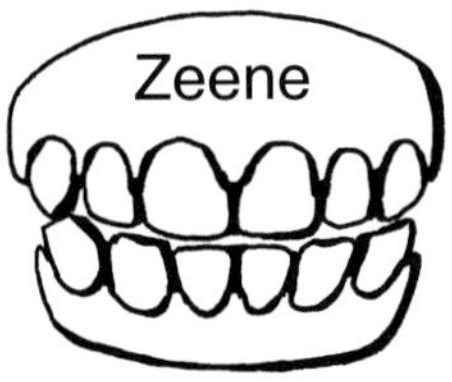


und

Sprichst du (e) oder (ä) ? Kreuze an! Wie ist es bei *Kern* und *Stern*?

(2.) Gib Tipps, wann ***ä*** und wann ***e*** geschrieben wird.

______________________________

______________________________

## Verwandte Wörter finden

a) Was uns ärgert, ist ______________ .

Es ist ein ______________ .

b) Ich habe es nicht verstanden, bitte ______________ es mir.

Danke für diese ______________ .

c) Was nahe ist, liegt in der ______________ .

Bist du ______________ Montag da?

d) Was dir ______________ , muss mir noch lange nicht gefallen!

e) Hast du Lust mitzuraten? Hilf mir bei diesem ______________ !

(3.) Ergänze die Sätze. Diese Wörter helfen dir dabei:

*ärgerlich, Ärgernis, erkläre, Erklärung, gefällt, nächsten, Nähe, Rätsel*

| Name: | **Wörter mit *ä* und *äu*** | KV 7 |
|---|---|---|

## … so geht es auch bei *äu*

a) Wer einen Traum hat, ist der ein ______________________ ?

b) Wer etwas kauft, ist ______________________ .

c) Wer täglich etwas verkauft, ist ______________________ .

d) Wer anderen etwas raubt, ist ______________________ .

e) Wenn eine Maus klein ist, ist sie ein ______________________ .

(4.) Suche den Schluss der Sätze.

## 7.1.3 Wörter mit *ie, ih, i, ieh*

**Thema der Klassen 2–4 („ieh“: Kl. 4)**

### Sachanalyse

Die Schreibung des langen /i:/ ist die komplexeste des Deutschen: Etwa 77 % entfallen auf den „Normalfall“ <ie>, ca. 12 % entfallen auf <ih> und 10 % auf <i>, 1 % auf Wörter mit <ieh>.
Die Wörter mit einfachem *i* für das lange /i:/ sind von wenigen Ausnahmen abgesehen (*Igel, Lid*) keine einheimischen: *Bibel, Fibel, Kamin, Termin, Tiger* usw. <ih>-Wörter sind auf wenige Personal- und Possessivpronomen beschränkt, die aber recht häufig sind, solche mit <ieh> als Randphänomen bei *Vieh* und Verbformen mit *h* in der Grundform: *befiehl(t), erzieh(t)* und entsprechenden Ableitungen wie *Erziehung*.

### Didaktischer Kommentar

Fehler bei den *i*-Lauten schwanken in ihrem Aufkommen zwischen 0,6 (vgl. Risel 1995 für Klasse 4) und etwa 5 Prozent (Reuter 2002 für Klasse 3, Vogt 2002 für Klasse 3 und 4,6 %; Menzel 1985: ca. 3 %, Riehme 1970 nach Piirainen 1981 ca. 2 %). Mit **ligt* und **friesch* kommen beide Abweichungen nach Vogt fast gleichgewichtig vor. Wegen der besonderen Laut-Buchstaben-Beziehung ist es sinnvoll, sich dem langen /i:/ in eigenen Stunden zu widmen und es nicht in einen Topf mit anderen Längenmarkierungen zu werfen.
Es macht schon Ende der ersten Klasse Sinn, Kinder auf die Hauptschreibung <ie> zu orientieren. In Klasse 2 sollten dann die Wörterlisten mit den *ih*-Pronomen (*ihm, ihn, ihr, ihnen*) und zeitlich versetzt relativ häufige Wörter mit *i* gelernt werden. Dabei ist wieder die Kontrastierung von gesprochenem langem *i* (Sprechblase) und kurzem *i* mitsamt der Schreibung anzusprechen: Kurzes „Sprechblasen-*i*“ ist immer ein geschriebenes *i*, langes „Sprechblasen-*i*“ ist meist *ie*, außer wenn es zur Liste mit *ih* oder *i* gehört. Dieses Wissen wird in Klasse 3 wiederholt. Es reicht dann in Klasse 4, ein oder zwei Stunden auf *ieh*-Wörter einzugehen (Wörterliste). Wenn die verschiedenen Schreibungen nicht in ihrem Stellenwert (Hauptschreibung/ Nebenschreibungen) reflektiert und die Wörterlisten nicht zeitlich versetzt angesprochen werden, kann ein zu frühes gleichzeitiges Lernen die Gefahr der Ähnlichkeitshemmung mit sich bringen. So finden sich in älteren Sprachbüchern Texte mit allen *i*-Realisierungen, die lediglich herauszuschreiben sind, ohne dass den Kindern eine Strukturierung vermittelt wird.
Ein Merkspruch kann die induktiv gewonnenen Erkenntnisse stützen: „Diesen Tipp vergess' ich nie: i-e steht für langes i.“

### Vorgehensweise

Angeknüpft werden kann an die Schreiberfahrungen der Kinder, indem eine Falschschreibung vorgestellt und reflektiert wird. Eine Sortieraufgabe – beschriftete Schuhschachteln! – mit Wortkarten, auf denen Wörter mit kurzem *i* und lange mit *ie* stehen, kann in Klasse 2 die Hauptschreibungen ansprechen. Wird ein Wort mit *ih* eingestreut, das ebenfalls beim langen *i* sortiert wird, finden die Kinder leicht weitere Pronomen. Die Wörterlistenarbeit greift auf Lückentexte und Bilderrätsel zurück. In Klasse 4 sollten Wörter mit *ieh* als Besonderheit wahrgenommen und mehrfach geschrieben werden.

| Name: | **Wörter mit langem *i*** | KV 8 |
|---|---|---|

# Ordnung muss sein

| | | | | | | |
|---|---|---|---|---|---|---|
| Brief | Tisch | Rinne | Biene | Stift | immer | Ziel |
| bitter | sieben | geblieben | ihn | ihr | tief | Bitte |
| Rippe | ihnen | ihm | viel | vier | Winter | Spiel |

1. Sortiere die Wörter nach langem i und kurzem i in die zwei Schachteln! Sprich dazu! Färbe die langen *i* rot und die kurzen *i* gelb!

2. Was fällt bei der Schachtel mit langem *i* auf? Kreise die Wörter mit einer besonderen Schreibung rot ein!

Das lange *i* wird meistens mit **ie** geschrieben:
Brief, Tier, Spiel, ...

Wörter mit **ih** gibt es nur sehr wenige:
**ihm, ihn, ihr, ihnen**

3. Kannst du die Regel ergänzen? Lerne sie auswendig.

4. Kann man *ihm, ihn, ihr, ihnen* mit anderen Wörtern verwechseln? Gibt es Tipps dafür?

N___ w___ der
Anna bettelt: „B___ tte, b___ tte, darf ich mal von deinem B___ r prob___ ren?“
Opa w___ ll das zuerst nicht.
Dann sagt er: „Also gut, aber nur einen w___ nzigen Schluck.“
Anna n___ mmt das Glas und setzt es an die L___ ppen.
Ig___ tt, ist das b___ tter.
Sie w___ ll in Zukunft kein B___ r mehr prob___ ren.

5. Lies die Geschichte und sprich dabei das kurze und das lange ***i*** übertrieben aus. Setze dann die richtigen Buchstaben ein!

| Name: | **Wörter mit *ieh*** | KV 9 |
|---|---|---|

Vieh hat vier Buchstaben,
gesprochen werden aber nur ________ Laute.

Von allen Wörtern mit langem ***i*** sind diejenigen mit **ieh** am häufigsten/am seltensten.

(1.) Ergänze die Lücke! Streiche die falschen Wörter im Satz darunter durch!

## Sätze mit *ieh*-Wörtern

a) Es ist warm, Karla, du kannst deinen Pullover ________ .

b) Wenn du raus gehst, solltest du deine Regenjacke ________ .

c) Türe zu, es ________ !

e) Vater will heute die Betten ________ .

f) Karlas Hund ist jung und verspielt, sie muss ihn noch ________ .

g) ________ her, Karla, so bügelt man ein T-Shirt!

h) Der Ärmel sollte sich nicht ________ .

i) Was ________ mit den jungen Katzen von Müllers?

(2.) Ergänze die Sätze.

(3.) Färbe **ieh** und schreibe die acht Wörter auswendig auf! Decke dazu den Kasten ab!

| | | |
|---|---|---|
| geschieht | Sieh | verziehen |
| abziehen | erziehen | zieht |
| anziehen | ausziehen | |

________

________

________

# 7.1.4 Wörter mit *ai*

**Thema der Klassen 3–4**

## Sachanalyse

Die Vorkommenshäufigkeit der *ai*-Schreibung liegt weit unter einem Prozent (vgl. NAUMANN 1989), über 99 % des gesprochenen /ai/ werden als *ei* geschrieben. Die Zunge bewegt sich bei diesem Diphthong (Zwielaut) aus einer Ruhelage nach oben vorn. In Süddeutschland unterscheidet sich die Artikulation teilweise von der Standardlautung, *Seite* ist hier von *Saite, Leib* von *Laib, Weise* von *Waise* in der Aussprache deutlich zu unterscheiden (volles „a" gegenüber abgeschwächtem „a" als Erstbestandteil der Lautverbindung). Für diese Wortgruppe gibt es keine Regelorientierung. Der Ausnahmestatus der folgenden Wörter ist im § 18 der amtlichen Regelung (1996) aufgeführt: *Hai, Kaiser, Laib, Laich, Laie, Mai, Saite, Waise.* Seltenere Wörter wie *Bai* oder *Kai(mauer)* sind der Sekundarstufe vorbehalten. Man spricht bei den „Doppelgängern" *Laib, Saite* und *Waise* (auch *das Laichen/die Leichen*) von Unterscheidungsschreibungen, die Bedeutungsunterschiede anzeigen. Ebenso verhält es sich bei *Lid/Lied* oder *Mohr/Moor.*

## Didaktischer Kommentar

Bei Fehleranalysen schlägt die Schreibung „ai" wegen ihrer Seltenheit nicht zu Buche. Die Sachanalyse zeigt auch, dass das Rechtschreibproblem als Wörterliste, deren Ausnahmestatus zu reflektieren ist, vermittelt werden muss. Wegen der Randständigkeit des Phänomens ist eine didaktische Inszenierung sinnvoll. Man kann nicht darauf warten, dass das Problem beim Schreiben gehäuft auftritt und nach Klärung verlangt. Als Visualisierung bietet sich im Verlauf der Stunde das Bild von *Wörtersee* und *Wörterpfütze* an:

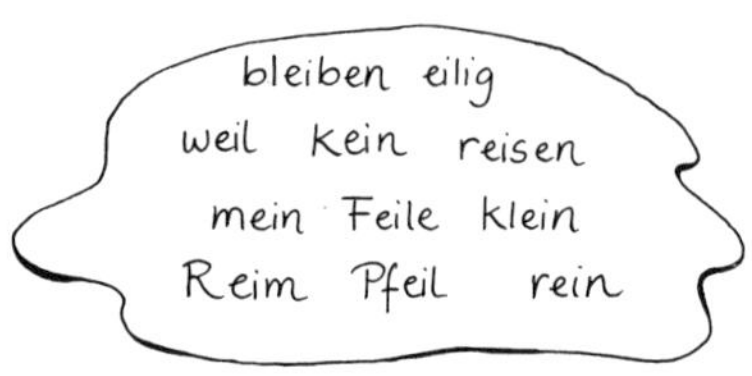


Die regionale oder individuelle Artikulation sollte mit den Kindern ausprobiert werden: „Wer von euch hört den Unterschied zwischen Seite und Saite?" Abzuraten ist von einer künstlichen Häufung entsprechender Wörter in einem Text *(Wenn der Kaiser im Mai …).* Differenzierend können kluge Köpfe gefragt werden, womit *Waise, Saite und Laib,* auch *Laien* verwechselt werden können. Die gesuchten (standardsprachlichen) Homonyme können von diesen Kindern umschrieben oder erklärt werden. Situativ ist die Einbeziehung von Vornamen der Klasse/Schule wie *Kai, Maik, Maike, Laila* oder *Rainer* möglich.

## Vorgehensweise

Ein Rätsel mit *ai*-Wörtern kann als Stundeneinstieg benutzt werden. Bilder eignen sich dazu eher als Sätze. Je nach Leistungsfähigkeit der Klasse sollten die geratenen Wörter in ihrer Bedeutung geklärt werden. Sind alle Wörter geraten, so wird gefragt, warum diese gelernt werden müssen. Die Abweichung zur „Normalschreibung" *ei* sowie die Häufigkeitsverhältnisse sind damit angesprochen. *Wörtersee* und *Wörterpfütze* können von den Kindern selbst gefüllt werden. Die erratenen Wörter lassen sich auf Magnetkärtchen in die *Wörterpfütze* einsetzen, eventuell ergänzen. Ein Arbeitsblatt gibt nun Übungsmöglichkeiten zur Wortbildung mit *ai*-Wörtern: *Kaiser* und *Krone*: *Kaiserkrone …* und fordert die Kinder zum mehrfachen Schreiben durch Satz- und Bilderrätsel auf. Dabei kann das Phänomen auch gefärbt werden. Für schnellere Kinder werden einige grafische Minimalpaare wie *Saite – Seite* thematisiert. Ein Partner- oder Selbstdiktat mit den Wörterlistenwörtern kann die Stunde abschließen. Die vergrößerten Abbildungen der Kopiervorlage können zur Einführung des Themas herangezogen werden.

Name:

# Wörter mit *ai*

KV 10

1. Welche Wörter passen zueinander?
Verbinde und schreibe die zusammengesetzten Wörter auf!

| | |
|---|---|
| | Käfer |
| Mai | |
| | Instrument |
| Kaiser | |
| | Fest |
| Saite(n) | |
| | Krone |
| Waise(n) | |
| | Baum |
| | Haus |

2. Rätsel

a) Ein wunderbarer Monat im Frühling
b) Kinder ohne Eltern
c) Einen … Brot, bitte!
d) Ich trage eine Krone.

| | | | | | | |
|---|---|---|---|---|---|---|
| a | 1 | | | | | |
| b | | 2 | | | | |
| c | | | 3 | | | |
| d | | | | 4 | | |

Lösung:

3. Beschrifte diese Bilder!

# 7.1.5 Wörter mit *aa, ee, oo*

**Thema der Klassen 2–3**

## Sachanalyse

Die Langvokalschreibungen mit doppelten Vokalbuchstaben (keine doppelten Selbstlaute – e i n langer Vokal!) sind mit Häufigkeiten unter 1 % ein Randphänomen. Dabei sind Wörter mit *ee* die häufigsten, diejenigen mit *oo* am seltensten. Wörterlisten für die Grundschule sind

*aa*: Haar, das Paar, ein paar Äpfel (Aal, Aas, Saal, Saat, Staat, Waage ...)
*ee*: See, Meer, Tee, Kaffee, Beet, Beere, leer, Idee, Schnee (Fee, Klee, Speer ...)
*oo*: Boot, Zoo, doof (Moos, Moor)

Geklammerte Beispiele sind nach August 1989 weniger häufig bei Viertklässlern. In der amtlichen Regelung benennt § 9 diese Minderheitenverschriftungen für Langvokale, der Regelfall ist jedoch ein einfacher Vokalbuchstabe (*Tal* – *a*) bzw. *ie* beim langen /i:/. Dann folgen Markierungen mit *h*. Die Vokale /i:/ und /u:/ werden nicht durch Doppelbuchstaben gekennzeichnet (dagegen *ii* oder *ää* im Finnischen). Bei Umlautung wird die Stammkonstanz auch nach der Rechtschreibreform eingeschränkt: *Saal* – *Säle*. Bei *ee* gibt es regionale Aussprachevariationen.

## Didaktischer Kommentar

Üblicherweise findet Unterricht hierzu in den Klassen 2 und 3 statt, dies zeigt auch die Durchsicht von Sprachbüchern. Wegen der relativen Seltenheit des Phänomens wurde m.W. bislang keine Fehlerquote gemessen. Dennoch ist es schon intuitiv nachvollziehbar, dass Grundschulkinder Wörter wie *Haare, ein paar Erdbeeren* oder *Boot* beherrschen sollten. Die – bis auf den Langvokalbezug – Regellosigkeit der Schreibungen führt zu unterrichtlichen Umsetzungen wie der Verwendung von Bildern, Kreuzworträtseln, Lückentexten oder Kompositionsaufgaben (*Kräuter* und *Tee* ...). Dies ist nicht falsch, aber die Kinder sollten über den Ausnahmestatus der in Frage stehenden Wortgruppen auch nachdenken und wissen, weshalb sie besonders gelernt werden müssen. Im Randbereich der Wörterliste *(Teer, Allee, Portmonee ...)* sollte es gegen Ende der Grundschulzeit zur Wortschatzerweiterung kommen. Einige Kinder kennen auch einschlägige Eigennamen: *Aachen, Aalen, Leer, Saale ...*

## Vorgehensweisen

Für „Schaustunden" sind Bilderrätsel oder Bild-Wortkarten-Zuordnungen gängige Einstige. Anschließend können die Bilder/Wörter nach *aa, ee, oo* gruppiert und geschrieben werden: *Ausnahme-Wörter (Außenseiter-Wörter) mit ...*

Zu Konkretisierungen sei auch auf die zahlreichen, leicht um das Nachdenken erweiterbaren Sprachbuchvorschläge und Arbeitsblätter verwiesen. Die Kopiervorlage benutzt Komposita mit *Beere* als „Aufhänger". Die Wörter aus dem Kasten sollten mit Lückendiktaten, Rätseln und anderen Schreibaufgaben wiederholt werden. Separates Eingehen auf paar/Paar bietet sich nach der Präsentation von Gegenständen an: Schuhe, Strümpfe, Handschuhe; Bild eines Ehepaars – ein paar Stifte. Die Kinder können in eigenen Worten umschreiben, was der Unterschied ist: Wenn wir die Anzahl nicht genau kennen oder wenn diese nicht wichtig ist; einige; dagegen gehören bei *Paar* zwei Dinge oder Menschen zusammen. Dies lässt sich auch bildlich – mit Beschriftung – darstellen.

| Name: | **Wörter mit *aa, ee, oo*** | KV 11 |
| --- | --- | --- |

## Vielerlei Beeren

1. Schreibe die Namen der Beeren an die richtige Stelle!
Markiere die Sorte, die dir am besten schmeckt!

2. Manche Leute sprechen *Beeren* wie *Bären*. Wie ist das in eurer Gegend?

## Weitere Wörter mit doppelten Selbstlaut-Buchstaben

die Beere · leer · das Paar · das Haar · das Boot · das Beet · das Meer · ein paar Stifte · das Moor · die Fee · der Schnee · der See · das Moos · der Saal · doof · die Idee · der Kaffee · der Tee · der Staat · der Zoo · der Klee · der Teer · die Waage

3. Was haben diese Wörter beim Sprechen alle gemeinsam?

Trainiere sie so:

① Sprich die Wörter deutlich!

② Schreibe sie in dein Heft! 

③ Markiere die Doppelbuchstaben!

④ Schreibe die Wörter zum Schluss auswendig auf!

| Name: | **Wörter mit *aa*, *ee*, *oo*** | KV 12 |
|---|---|---|

# Zusammengesetzte *aa*-, *ee*-, *oo*-Wörter

| | |
|---|---|
| Stachel- | -boot |
| Blumen- | -filter |
| Kaffee- | -mann |
| Schnee- | -beere |
| Tee- | -gehege |
| Haar- | -beet |
| Segel | -bürste |
| Zoo- | -kanne |

1. Wer findet die passenden Zusammensetzungen? Verbinde sie mit unterschiedlichen Farben und schreibe sie auf!

Im Märchen gibt es eine gute und eine böse ______.

Kinder sollten noch keinen ______ trinken.

Das Glas ist fast ganz ______.

Die Marktfrau braucht zum Abwiegen von Obst und Gemüse eine ______.

In den Ferien fahren viele ans ______, andere besuchen die Tiere im ______.

Tina und Tim haben geheiratet, sie sind jetzt ein ______.

2. Lies die Sätze! Setze die passenden aa-, ee-, oo-Wörter ein!
3. Schreibe die Sätze vollständig in dein Heft! 

# 7.1.6 Wörter mit *v/f*

**Thema der Klassen 2–4**

## Sachanalyse

Für das gesprochene „f“ gibt es die Schreibweisen <f> (59 %), <ff> (4 %), <v> (36 %) und <ph> in Fremdwörtern wie *Physik.* Die Hauptschreibung ist das <f>. Der Anteil der *v*-Schreibungen ist erstaunlich hoch (vgl. § 29 der amtlichen Regelungen und Naumann 1989). Beim Durchblättern eines Wörterbuchs wird jedoch sehr schnell klar, dass vor allem das Wort *vor* und der Wortbaustein *ver-* diesen hohen Anteil bewirken. So entfallen in Nachschlagewerken für die Grundschule von knapp fünf Seiten zu *V/v* mehr als vier Seiten auf Wörter mit *ver-* und *vor*! Die *ver-*Schreibung gilt auch für einige Wörter, bei denen das Präfix nicht mehr abtrennbar ist: *verlieren, verletzen* oder wie in *Verkehr* für Grundschulkinder wenig nachvollziehbar ist.

/f/ ist ein stimmloser Reibelaut (Spirant, Frikativ), bei dem Unterlippe und obere Schneidezähne für den Luftstrom eine Enge bilden. Das hat zur Folge, dass Kinder, deren obere Schneidezähne zu Anfang der Grundschulzeit ausgefallen sind, Probleme haben, den Laut zu bilden, es entsteht ein /s/ oder /ʃ/. Dies wird im Abschnitt 7.1.1 zur Reflexion genutzt. Das stimmhafte Pendant zu /f/ ist /v/, so dass *Fall* und *Wall* sich nur in der Stimmgebung des Anlauts unterscheiden. Im Auslaut wie bei *brav* wird /v/ entstimmt, d.h. als [f] gesprochen. Dies ist jedoch nur bei wenigen Wörtern der Fall. Dialektbedingt findet die Entstimmung teilweise auch im (Silben-)Anlaut statt: Süddeutsche sprechen *Pulver* oder *Kurve* mit [f], beide Sprechweisen sind möglich. Ebenfalls dialektbedingt wird im Ostmitteldeutschen die Lautverbindung /pf/ in *Pfanne* oder *Pfeil* als [f] realisiert (vgl. dtv-Atlas 1996, S. 64). Dies ist bei der „Faustregel“ (s.u.) mitzubedenken.

Für die *v*-Schreibungen bei gesprochenem /f/ gibt es keine Regel. Die Wörter müssen bewusst als Liste und auch beiläufig beim Schreiben gelernt werden. Etwas kompliziert wird die Beziehung von Lauten und Buchstaben dadurch, dass in Fremd- bzw. Lehnwörtern wie *Serviette* oder *Vulkan* ein „w“ (Lautschrift: /v/) gesprochen wird (vgl. § 30 der amtlichen Regelungen). Dies trifft für 2 % aller /v/ zu, der Rest wird mit *w* geschrieben.

## Didaktischer Kommentar

Die Sachanalyse zeigt, dass die Faustregel „Schreibe <f>, wenn du /f/ sprichst“ zunächst für Klasse 1 sinnvoll ist, später aber eine Wissenserweiterung bei *vor* und *ver-* stattfinden muss, die die Lautung der v-Wörter einer Liste bewusst macht: *Vater, verkaufen, viel, vielleicht, vier, Vogel, voll, von, vor*.

Bei *viel/fiel* liegen Homonyme (genauer: Homophone) vor, die beim Schreiben leicht verwechselt werden. Neben der Bedeutungsumschreibung findet sich in einem Sprachbuch der Versuch, durch eine Eselsbrücken-Illustration die gleich lautenden Wörter auseinander zu halten: Ein Apfel „fiel“ vom Baum. Ein Pfeil, der am Ende eines kleinen „f“ angebracht ist und auf einen am Boden liegenden Apfel zeigt, deutet das Fallen an; daneben steht ein Korb in *v*-Form mit „vielen“ Äpfeln darin.

Wohl unter 2 Prozent aller Rechtschreibfehler gehen auf das Konto von *f/v* (vgl. Piirainen 1981, dort allerdings Schwankungen zwischen 1,2 und 6,2 %, Reuter für Klasse 3: 1,1 %, Risel 1995 für Kl. 4: 1,2 %, Menzel 1985 für Primar- und Sekundarstufe mit *pf/ph*: 1,8 %), die *w*-Schreibung bei Fremdwörtern fällt für die Grundschule dagegen nicht ins Gewicht.

Es ist wegen der geringen Vorkommenshäufigkeit ausreichend, erst in Klasse 4 *v*-Schreibungen einzubeziehen, die als „w“ gesprochen werden.

V-Schreibungen finden sich als Aufgabenstellung oft ohne Lernanregung zur Verschiedenheit der Artikulationen und zu deren Häufigkeit, außerdem werden Wörter mit /f/- und solche mit /v/-Artikulation vermischt dargeboten, ohne dies zu reflektieren. Erst wenn die Wörterliste (s.o.) wirklich „sitzt“, macht ein Kontrastieren Sinn. Sonst bewirkt die Ähnlichkeitshemmung Verwirrung bei den Schreibenden. Andererseits ist es erforderlich, die beiden konkurrierenden Schreibungen anzusprechen, denn die Schreibalternative stellt sich für die Kinder ja konkret. Dies ist eine Hilfe vor allem, wenn sie in Klasse 2 und 3 auf der Suche nach Regelhaftigkeit sind. Thomé (vgl. 1999, S. 248 ff.) hat den Erwerb der *v*-Schreibung erforscht. Vereinfacht lassen sich demnach vier Stufen unterscheiden:

Stufe 1 – Grundverschriftung (*f*): **fergleicht*
Stufe 2 – wahllose Verwendung der Minderheitenverschriftung (*v*): **vrißt*
Stufe 3 – morphembezogene, aber falsche Verschriftung: **vertig*
Stufe 4 – korrekte Verschriftung; morphematische Orientierung und lautliche Kontrolle: *verfolgen.*

Stufe 3 findet sich als Übergeneralisierung auch bei *fernsehen, fort* oder *Ferkel* am Ende der Grundschulzeit und darüber hinaus (vgl. hierzu ebenfalls die Belege in Steinig/Huneke 2002, S. 126 f.).

## Vorgehensweisen

Als Einstieg bietet sich durchaus die Präsentation einer Fehlschreibung wie *ferstehen* mit entsprechender Kennzeichnung an. Die Kinder können die Fehlschreibung auch selbst benennen und anstreichen. Die Lehrkraft wird jedoch hartnäckig darauf verweisen, dass gesprochenes *verstehen* doch an der Tafel stünde. Die Kinder aktivieren ihr Wissen zu *ver-* und erkennen, dass am Wortanfang /f/ gesprochen wird. Weitere *ver*-Wörter werden im Anlaut artikuliert. *V*-Wörter allgemein (s. Liste) können nun gesammelt oder vorgegeben werden, „falsche" mit /v/-Artikulation (auch Namen wie *Vivien* usw.) lassen sich benutzen, um die Wörterliste als /f/-artikuliert abzugrenzen. Das Färben der betreffenden Stelle im Wort richtet die Aufmerksamkeit der Kinder auch visuell auf das Schreibproblem.

Die Visualisierung des /f/-Vorkommens als „Wörtersee" und „Wörterpfütze" (vgl. Staiber in Sprache und Heimat 4) ist ein Reflexionsimpuls; sie zeigt, weshalb die *v*-Wörter in ihrer Schreibung besonders zu lernen sind. Ein gemeinsam gestalteter Plakat-Aushang kann das Rechtschreibproblem für längere Zeit deutlich machen.

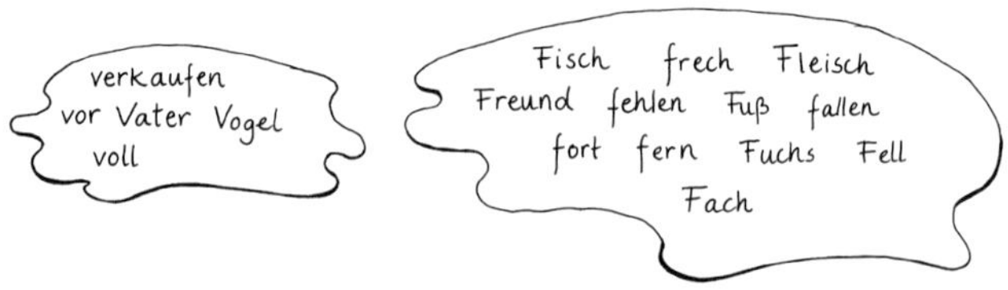


Die Häufigkeiten können als Differenzierungsaufgaben von schnelleren Kindern im Grundschul-Wörterbuch ausgezählt werden: Wie viele *F/f*-Wörter gibt es? Wie viele *V/v*-Wörter? Wie viele Wörter mit *vor* und *ver-*?

Eine weitere Abbildung zur Artikulation soll die besonderen Laut-Buchstaben-Beziehungen kognitiv stützen (vgl. Risel 1997, S. 100 und 107).

Zur Überprüfung der *v*-Wörter können dann, wenn die Wörterliste beherrscht wird, Lückenwörter vorgegeben werden wie

*_ierzehn, der _ater, _ortgehen, _iele _ögel,*
*_rei, _ielleicht, der _ernseher, _on, _orlesen,*
*_ersprechen, _erlangen.*

Hilfreich ist später (in Klasse 3 und 4) neben einer allgemeinen Betonung der Wortbausteine das Knicken von Wortkärtchen, die mit *verkaufen, fertig, vorkommen* und *fort* beschriftet sind. Die Lehrerin knickt bei *verkaufen* das Präfix ab, fragt, was übrig bleibt und was der Bedeutungsunterschied zwischen beiden Wörtern ist. Die Kinder nennen auch Beispielsätze. Bei *fertig* lässt sich die Buchstabenfolge *fer* zwar abknicken, aber es bleibt nichts Sinnvolles übrig, damit ist *fer* trotz gleicher Lautung kein Baustein und damit entfällt auch die *v*-Schreibung. Die Kinder zeigen dasselbe Vorgehen bei *vorkommen* und *fort* auf.

Es gibt zwei Lernsprüche, die nach der Reflexion das Wörterlistenlernen stützen. Sie umfassen zwei bzw. vier einschlägige Wörter: *Vor und ver schreibt jeder Herr und jede Frau mit Vau.* Und: *Vor, voll, von, ver kommen nur mit Vau daher.* Die Kinder lernen solche Merksprüche in der Regel gern auswendig. Bei letzterem können die nicht erfassten Wörterlistenwörter benannt werden.

In Klasse 4 lassen sich einige visualisierte *v*-Wörter *(Kurve, Serviette, Vase, Vater, Ventil, Vogel, Vulkan, …)* in zwei Spalten sortieren: *v* als „w" gesprochen – *v* als „f" gesprochen. Schlecht darstellbare, deshalb geschriebene Wörter schließen sich an. Der Hauptakzent sollte anschließend auf dem Besonderen, den Wörtern vom Typ *Vulkan*, liegen (⇒ Kopiervorlage 13). In einer Wiederholungsstunde können Lückentexte zur Übung eingesetzt werden:

*Ein Feuer speiender Berg wird … genannt.*
*Am ersten … zünden wir die erste Kerze an.*
*Schnittblumen gehören in eine …*
*Ich habe den Spielfilm zu Hause auf …*
*An meinem Fahrrad ist das … kaputt.*
*Eine … aus Stoff ist mir lieber als eine aus Papier.*

# Zwei für einen

| Vater, ver\|stehen, viel, vielleicht, vier, Vogel, voll, von, vor | Vase, Ventil, Video, Vulkan, Advent, Serviette |
|---|---|

1. In beiden Kästchen stehen Wörter mit ***v***. Wenn du sie sprichst, merkst du aber einen Unterschied.
Beim ersten Kästchen wird am Wortanfang ___ gesprochen, beim zweiten ___.

2. Sprichst du in deiner Mundart anders? Zum Beispiel bei *Advent*? ______

3. Wie wird das geschriebene ***v*** meistens ausgesprochen, wie **f** oder **w**?

______

4. Übe zuerst die Wörter im ersten Kasten!

   ① Schreibe die Wörter mit **v** – als ***f*** gesprochen in dein Heft!
   ② Markiere das **v**!
   ③ Schreibe die Wörter zum Schluss auswendig auf!

5. Es gibt verschiedene Merksprüche zu ***v***-Wörtern.

*Vor* und *ver-* schreibt jeder Herr und jede Frau mit „vau“.

***Oder***

*Vor, voll, von, ver-* kommen nur mit „vau“ daher.

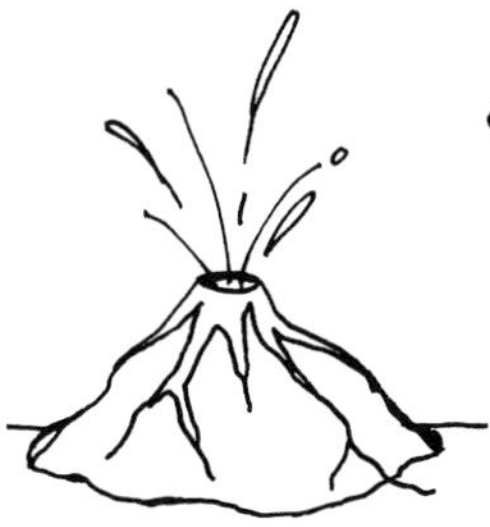

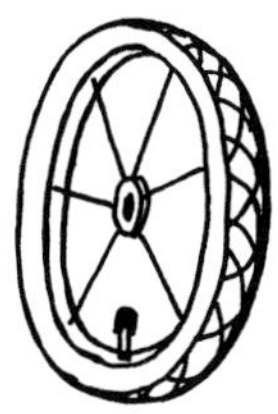

6. Schreibe die Wörter zu den Bildern auf:

Wörter mit ***v*** - als ***w*** gesprochen

______

______

# 7.1.7 Wörter mit *x*

**Thema der Klasse 2**

## Sachanalyse

Die Lautverbindung /ks/ besteht aus einem stimmlosen Verschlusslaut (Plosiv; /k/) und einem ebensolchen Reibelaut (Frikativ, Spirant; /s/), wobei beide Laute nicht am selben Ort gebildet werden, /ks /ist daher keine Affrikate wie /pf/. /k/ wird am weichen Gaumen, /s/ zwischen Zahndamm (Alveolen) und Zungenkranz (Corona) gebildet. Die Laut-Buchstaben-Beziehung nach der amtlichen Regelung weist <x> als Hauptschreibung aus, dennoch sind /ks/-Verschriftungen nur zu einem guten Drittel (37 %) Wörter mit *x*, der Rest wird *chs* geschrieben (vgl. Naumann 1989).
Auf wenige Einzelfälle beschränkt sind Wörter mit /ks/ bzw. [ks] wie *links* oder *flugs*.
*X/x* ist der zweitseltenste Buchstabe des Deutschen vor *qu*.

## Didaktischer Kommentar

Nicht nur für die Grundschule sind *x*- (wie auch *chs*-) Wörter weder sehr häufig noch stark fehlergefährdet. Sie gehören insgesamt zum Randbereich rechtschreiblichen Könnens. So führen Riehme/Heidrich (vgl. Piirainen 1981) nur 0,2 % als Fehlerquote auf. Andererseits ist ein Wort wie *Hexe* sicher grundschultypischer Wortschatz. Dieses Wort dient uns als objektsprachlicher Ankerbegriff zur Abgrenzung von *chs*-Wörtern: Hexen-*x*. Eine kleine Wörterliste muss am Ende der Grundschulzeit beherrscht werden:

Axt boxen Fax fix Hexe mixen Praxis Taxi Text

Wieder ist die Lautung ausdrücklich einzubeziehen, die „Stolperstelle“ im Wort zu markieren, ist die Bedeutung bei wenig geläufigen Wörtern (je nach Alter etwa *Praxis* oder *Plexiglas*) zu erarbeiten. Behaltenssicherung wird durch mehrmaliges Schreiben erreicht. Situativ können die Namen *Alex(andra)*, *Felix* oder *Max* einbezogen werden. Wegen der Seltenheit des Buchstabens ist in Klasse 2 eine wiederholende Schönschreibaufgabe (⇒ Kopiervorlage 14) sinnvoll.

## Vorgehensweisen

Der Eingangstext der Kopiervorlage kann als Rätselaufgabe an der Tafel stehen, die Kinder heften die passenden *x*-Wörter an die *XXX*-Stellen. Anschließend wird der Text in Abänderung der Reihenfolge der Kopiervorlage aufgeschrieben und gefärbt. Danach werden die restlichen Aufgaben auf der Kopiervorlage bearbeitet.

Name: | **Wörter mit *x*** | KV 14

XXX

Opa XXX hat sich mit der XXX verletzt.
Jetzt muss er zur XXX Dr. Schienbein. Er möchte
mit dem XXX fahren. Doch es ist wie XXX.
Das Auto fährt ihm vor der Nase weg.

Taxi
Praxis
Axt
Verflixt
verhext
Felix
Text

1. Wer kann die Wörter richtig in den XXX einsetzen?
Schreibe den *Verflixt*-Text auf!

2. Wie würde ein Erstklässler ***Mixer*** schreiben?

Hexe boxen Fax fix
mixen Praxis Taxi Text

3. Schreibe die Wörter aus dem Kasten untereinander auf und färbe ***x***!
Präge sie dir ein! Wenn du sie abdeckst, kannst du sie dir selbst diktieren.

4. Schreibe eine Zeile große ***X*** und kleine ***x*** in Schönschrift!

# 7.1.8 Wörter mit *chs*

**Thema der Klasse 4**

## Sachanalyse

Die von den amtlichen Regelungen als Nebenschreibung betrachtete Buchstabenfolge <chs> für /ks/ ist mit 63 % gegenüber 37 % für <x> eigentlich die häufiger vorkommende (vgl. NAUMANN 1989). Dies liegt an der Gebrauchshäufigkeit einzelner *chs*-Wörter. Im Bewusstsein der Schreibenden ist <x> jedoch der „Normalfall". Die manchmal anzutreffende hyperkorrekte Aussprache *Büch-se* ist nicht normgerecht. Für das Auftreten von <x> und <chs> gibt es keine Regelungen, abgesehen davon, dass <chs> nicht am Wortanfang steht (was bei <x> in nicht einheimischen Wörtern selten der Fall sein kann).

## Didaktischer Kommentar

Einschlägige Wörter sind im Grundschulbereich eher situativ wichtig *(Fuchs, Dachs, Luchs, Lachs, Ochse, Echse)*, daher auch keine wichtigen „Fehlerlieferanten". Dennoch sollte – wegen des Wiederholungseffekts – in zwei Schulstunden in Klasse 4 ausdrücklich auf die Rechtschreibschwierigkeit *chs* eingegangen werden. Die Thematik braucht wegen der Gefahr der Ähnlichkeitshemmung zeitliche Distanz zur *x*-Schreibweise. Hilfreich kann zur Abgrenzung vom *Hexen-x* der Ausdruck *Ochsen-ks* sein. Neben der rechtschreiblichen Betrachtung sollte die Bedeutung der Wörter des Phänomenbereichs durch Lückensätze gefestigt werden. Da keine Regelhaftigkeit vorliegt, ist Wörterlistenarbeit notwendig (⇒ Kopiervorlage 15).

## Vorgehensweisen

Zum Einstieg können große Abbildungen von *Fuchs, Dachs, Luchs, Büchse, Achsel* oder *Eidechse* präsentiert werden. Die Kinder raten die Wörter, schreiben sie zu den Abbildungen.

Sie merken, dass dieselbe Stolperstelle in jedem Wort steckt, eventuell schreibt ein Kind auch **Aksel* o.Ä. Dies sollte zum Anlass genommen werden, die besondere Schreibung von /ks/ zu reflektieren. Falls alle Wörter richtig geschrieben sind, wird gefragt, wie ein Kind in Klasse 1 eines der Wörter schreiben würde. Dies wird an der Tafel kurzzeitig festgehalten, um die Rechtschreibschwierigkeit bewusst zu machen.

Nach der Arbeit mit der Kopiervorlage lässt sich das Problem in der Wiederholungsstunde durch ein Bilddiktat vertiefen: *Fuchs, Dachs, Luchs, Büchse, Achsel, Achse, wachsen* (kleine Blume, große Blume, Pfeil dazwischen) sind visualisierbar.

Die Wörterliste kann für leistungsstärkere Kinder variiert werden durch folgende Zusammensetzungen bzw. Ableitungen: *fuchsrot, Skiwachs, Bienenwachs, Bewuchs, Wuchs, Wachstum, Achsenbruch, Wechselgeld, wechselhaft, Achselhaare, lachsfarben …*

# Wörter mit *chs*

… werden  gesprochen.

Man kann sie leicht mit __________ -Wörtern verwechseln.

# Welches ***chs***-Wort passt?

a) Eine Dose wird auch __________ genannt.

b) __________ sind ein anderer Name für Reptilien.

c) __________ und __________ sind Waldtiere, die in einem Bau leben.

d) Jedes Auto hat zwei __________.

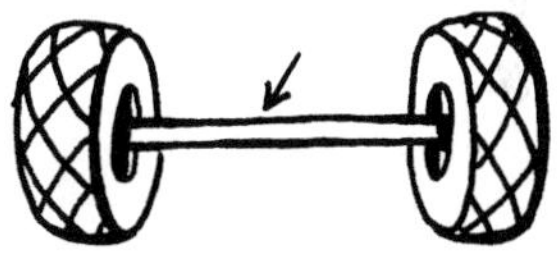

e) Der __________ ist ein beliebter Fisch.

f) Auf dem Land wurden Wagen früher von __________ gezogen.

g) Beim Sport habe ich mich an der __________ verletzt.

h) Eine Raubkatze mit spitzen Ohren: __________.

i) Der Fuβballstar __________ zu einem anderen Verein.

j) Bienen erzeugen Honig und __________.

k) Tante Monika zu Ina: „Du bist aber wieder __________!"

| | | | | | |
|---|---|---|---|---|---|
| Lachs – | Achsel – | gewachsen – | Echsen – | Büchse – | Wachs |
| Dachs – | Ochsen – | Achsen – | Fuchs – | Luchs – | wechselt |

1. Lies die Wörter im Kasten halblaut vor. Was sprichst du in allen Wörtern? __________
2. Ergänze die Lücken und färbe anschließend ***chs***.
3. Selbstdiktat oder Partnerdiktat mit den Wörtern aus dem Kasten. 

# 7.1.9 Wörter mit *qu*

**Thema der Klasse 2**

## Sachanalyse

Bei der Suche nach wirklich häufigen *Qu*-Wörtern wird man kaum fündig, *Qu/qu* ist der seltenste deutsche Buchstabe (vgl. RISEL 1997a). Geläufige Fremdwörter wie *Quote, Qualität* oder *Quittung* zeigen allerdings, dass *Qu*-Wörter nicht völlig randständig sind. Als Besonderheit ist die Buchstabenverbindung mit dem *u* festzuhalten, die nicht für alle Sprachen gilt. Der Lautverbindung /kv/ („kw“ gesprochen) entspricht das <qu> im Verhältnis 1:1, was das Erlernen erleichtert. Die Lautverbindung besteht aus einem am weichen Gaumen gebildeten Verschlusslaut (/k/) und einem mit Schneidezähnen und Unterlippe gebildeten Reibelaut (/v/). Die beiden Artikulationsorte sind also weit entfernt, so dass Linguisten die Verbindung nicht wie etwa /pf/ zu den „Affrikaten“, die am gleichen Artikulationsort gebildet werden, zählen.

## Didaktischer Kommentar

Die Seltenheit des Buchstabenvorkommens rechtfertigt im Schuljahr lediglich zwei Schulstunden zu dieser Thematik. In Fehlererhebungen hat <Qu> folglich kein Gewicht. PIIRAINEN (1981, S. 45) stellt für drei fünfte Klassen Werte bei gut einem Prozent fest. Aber auch „Randphänomene“ müssen gelernt werden.

Zentrale, aus der Sachanalyse abgeleitete Vermittlungsgrundsätze sind die Arbeit mit einer Wörterliste geläufiger *Qu*-Wörter und die Bewusstmachung der Lautung, um Fehlerverlockungen zu reduzieren. Außerdem sollten schwächere Kinder auf das angehängte <u> und den Unterschied zum geschriebenen kleinen <g> aufmerksam gemacht werden. Die Bewusstmachung geschieht – wie generell hier vorgeschlagen – durch Sprechblasen mit gepunktetem „kw“, die als Magnetkärtchen zu Qu-Wörtern geheftet werden. Ebenso kann eine einfache Tafelskizze mit der Sprechblase angefertigt werden. Als Merkhilfe kann im Klassenzimmer eine Art Verbotsschild angebracht werden: *kw* ist durchgestrichen – *qu* ist unterstrichen.

Zu den relativ häufigen Wörtern zählen (vgl. AUGST 1989): *Quadrat, quälen, Qual, Quark, Quelle, quellen, (quer), Quirl – bequem, Kaulquappe.* Auffällig ist eine Gruppe umgangssprachlicher Wörter wie *quasseln, quatschen, quengeln, quietschen, Quatsch.*

Außerdem können Kinder der Klassen 3 oder 4 die aus den Medien oder von Erwachsenen bekannten Fremdwörter erarbeiten: *Qualifikation, Qualität, Quote …* Hier sollte die inhaltliche Klärung dringend einbezogen werden. Für eine ganze Schulstunde bzw. ein Arbeitsblatt müssen auch weniger geläufige Wörter in den Blick genommen werden, die bei einer Wiederholung des Themas weggelassen werden können.

## Vorgehensweisen

Als Einstiege bieten sich drei Varianten an: Erstens kann eine fiktive Fehlschreibung präsentiert werden: *Ich mag keinen Kwark.* Die Kinder kommentieren, stellen richtig, sammeln weitere *Qu*-Beispiele. Zweitens wird ein Rätsel, bei dem *Qu*-Wörter herauskommen, vorgegeben. Anschließend wird gefragt, weshalb die Wörter gelernt werden müssen. Dann erfolgt die Zuordnung einer „kw“-Sprechblase. Auch kann die naive Verschriftung über die Frage reflektiert werden: „Wie könnte ein Kind der ersten Klasse *bequem* schreiben?“ Als dritte Möglichkeit wird ein kleiner Dialog mit gehäuftem *Qu*-Vorkommen ausgeteilt, danach Kopiervorlage 16 bearbeitet. Sie sieht auch ein Unterrichtsgespräch zur Häufigkeit des *Qu* vor. Die Kinder zählen dazu in einem Grundschulwörterbuch die Seiten aus, vergleichen eventuell mit einem anderem Buchstaben. Eine solche Zählaufgabe ist auch mit der Wörterliste im Anhang des Sprachbuchs möglich. Ein Unterrichtsgespräch thematisiert dann das Vergessen des *u*: „Hört man das *u*?“ Bilderrätsel und Lückentexte sorgen für weitere einschlägige Wörter bzw. für wiederholtes Schreiben. Eine Schönschreibübung kann die normgerechte Realisierung des Groß- und des Kleinbuchstabens sichern.

| Name: | **Wörter mit *qu*** | KV 16 |
| --- | --- | --- |

# Quak!

Qualle Ada, Quakfrosch Willi und Quietsche-Entchen Upps unterhalten sich:

Willi: *Sollen wir die Kaulquappen bei der Quelle ärgern? Bitte, bitte!*
Ada: *So ein Quatsch! Quäle uns nicht mit diesem Quark!*
Upps zu Ada: *Du musst immer quengeln! Nie ist dir etwas recht.*
Willi: *Komm, Upps, wir schwimmen zur Quelle und lassen die alte Quasseltante allein.*

1. Lies dir den Text halblaut vor!

2. Wie hast du die ***Qu/qu***-Wörter am Anfang gesprochen?
Trage die Aussprache in die Sprechblase ein.

**qu**etschen

3. Rate: Sind ***Qu***-Wörter häufig oder selten? ____________________

4. Schreibe alle Wörter mit ***Qu/qu*** aus dem Text heraus (*quälen* klein!)!
Ergänze: *quer, Quadrat, Qualm, bequem, unbequem.*

____________________

____________________

____________________

____________________

5. Färbe ***Qu/qu***! Damit kannst du kontrollieren, ob du auch das ***u*** des „Zweiers“ immer geschrieben hast.

| Name: | **Wörter mit *qu*** | KV 17 |
| --- | --- | --- |

## Qu-Rätsel

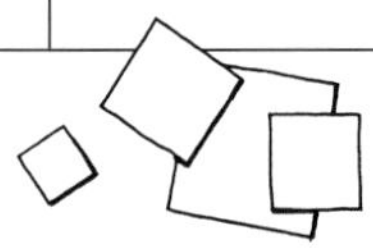

a) Ein Viereck mit gleichen Seiten nennt man ____________.

b) Wir kaufen nur Nahrungsmittel von guter ____________.

c) Fernsehsendungen mit vielen Zuschauern

haben eine gute ____________.

d) Pellkartoffeln mit ____________ sind gut.

e) Ein Fragespiel heißt auch ____________.

f) Flüsse entspringen an einer ____________.

1. Schreibe die Sätze vollständig auf.
   Färbe ***Qu/qu*** als Kontrolle, ob du das u-Anhängsel nicht vergessen hast.

2. Schönschreiben: eine Zeile kleines ***qu***, eine Zeile großes ***Qu***.

3. Lass dir diese Lernwörter diktieren. Oder diktiere sie dir selbst (Kassettenrekorder!).

Lernwörter: *bequem, Quadrat, Qual, quälen, Qualm, Quark, Quelle, quer, quietschen, quetschen*

## 7.1.10 Wörter mit *ß*

**Thema der Klasse 2**

### Sachanalyse

Die Unterscheidung von stimmhaftem und stimmlosem „s" entfällt im Süden Deutschlands. Ansonsten entspricht dem stimmlosen /s/ in *weiße* ein <ß>, dem stimmhaften /z/ in *Weise* ein <s>. Die amtliche Regelung knüpft das <ß> an einen vorausgehenden Zwielaut oder Langvokal, „wenn im Wortstamm kein weiterer Konsonant folgt" (§ 25). Modellwörter für diese Regelung sind *Straße* oder *Spieß* (Langvokal) und *beißen* (Zwielaut), dagegen folgt ein Konsonant nach /s/ in *Wüste* oder *Geist*. Der Hinweis auf den Wortstamm klärt die Schreibung von *weißt* und anderen Wörtern, bei denen der folgende Konsonant nicht mehr zum Stamm (hier: *weiß*) gehört. Außerdem wird kein <ß> geschrieben, wenn Auslautverhärtung vorliegt. Bei *Mäuse* folgt dem Zwielaut standardsprachlich ein stimmhaftes „s", dies wird bei *Maus* zu [s] entstimmt.

Probleme ergeben sich bei einigen unregelmäßigen Verben, die einen Wechsel der Vokallänge aufweisen: *reißen, riss, gerissen; wissen, weiß, gewusst*. Die Kurzvokalformen werden hier nach der Grundregel des § 2 durch Dopplung markiert.

Häufige Wörter mit <ß> sind *außen, außer, beißen, bloß, draußen, Fleiß, fließen, Fuß, gießen, groß, Gruß/grüßen, heiß, heißen, ließ, reißen, schießen, schließen, schmeißen, ich vergaß, weiß, ich weiß*.

### Didaktischer Kommentar

Die Fehlerkategorie „ß/s" weist Werte um 5 % auf (vgl. für Klasse 4 Risel 1995, S. 89, Reuter 2002 für Klasse 3: ca. 2,4 %), wobei in mehreren Erhebungen die ss/ß-Variation vor der Rechtschreibreform mitgezählt ist. Obwohl sie den Unterschied in normaler Kommunikation nicht berücksichtigen, kann auch für Kinder in Süddeutschland mit den didaktischen Bezeichnungen „Schlangen-s" und „Bienen-s" gearbeitet werden. Zur vorausgehenden Artikulationsübung sollte begleitend an den Kehlkopf gefasst werden, oder die Kinder halten sich beide Ohren zu, während kontrastiv /s/ und /z/ gesprochen werden. Standardsprachler in der Klasse können Wörter wie *Hose* und *Rose* normgerecht artikulieren. In Klasse 3 oder 4 sollte dieses Wissen aufgefrischt werden, um rechtschreibliche Konsequenzen daran zu binden. Während nördlich des Mains die Artikulation tragfähig ist, Auslautverhärtungen gegebenenfalls durch Verlängern rückgängig gemacht werden, sollte im Süden mit einer Wörterliste gearbeitet werden (vgl. Risel 1997 a). Sie ist auch deshalb notwendig, weil hier das Präteritum dialektal kaum gebraucht wird und so Übergeneralisierungen wie **beißte* produziert werden. Bei der Wörterlistenarbeit kommen Lückentexte, Farbmarkierungen an der Problemstelle sowie Wortdiktate zum Einsatz.

Ein besonderes Kapitel ist die Bezeichnung des Buchstabens <ß>. Sie reicht von „Buckel-s" über „Scharf-s" bis zu „Eszett". Das „scharfe", d.h. stimmlose „s" kommt aber auch bei Auslautverhärtung in *Maus*, *Gras* und anderen Wörtern vor. Daher ist für Erstklässler die formorientierte Bezeichnung sinnvoller, für die folgenden Klassen „Eszett", weil die Bezeichnung auf die Zusammensetzung aus Fraktur-*s* und *-z* abhebt.

### Vorgehensweisen

⇒ Kopiervorlage 18 ist auf Süddeutschland ausgerichtet. Bei Fehlerhäufungen kann in standardsprachlichen Klassen eine individuelle Wörterliste zu <ß> angelegt werden. Die Kopiervorlage ist auch für Klassen mit hohem Ausländeranteil geeignet.

| Name: | Wörter mit *ß* | KV 18 |
|---|---|---|

# Schlangen-*ß* und Bienen-*s*

ßßß – Kannst du ein Schlangen-ß sprechen?

sss – Kannst du ein Bienen-s summen?

Wenn du mit der Hand an die Kehle fasst oder beim Sprechen die Ohren zuhältst, spürst du den Unterschied besser.

Wer in Süddeutschland lebt, spricht meist nur das Schlangen-s.
Für sie oder ihn ist **reisen** (auf Reisen gehen)
nicht genau von **reißen** (etwas abreißen) zu unterscheiden.
Deshalb ist es gut, wichtige *ß*-Wörter zu üben:

Fuß – Gruß – Soße
groß – bloß – heiß – weiß – außen
schließen – gießen – fließen – beißen – reißen – heißen – stoßen
ich vergaß etwas – ich weiß viel – die Katze fraß die Maus

1. Schreibe die Wörter auf und färbe die Buchstaben für die langen Selbstlaute oder die Zwielaute **ei** und **au**: F**u**ß, ... h**ei**ß

2. Lass dir die Wörter diktieren oder diktiere sie dir selbst (Kassettenrekorder!).

3. Für **ß** gibt es viele Bezeichnungen: Buckel-*s*, Dreierles-*s*, scharfes-*s*, Eszett.

Wie sagt ihr dazu?

| Name: | **Wörter mit ß** | KV 19 |
|---|---|---|

## Schlangen-ß

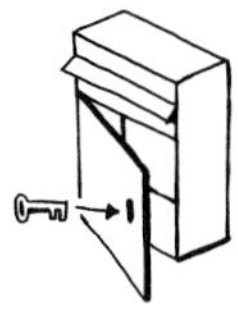

1. Welche Verben mit ß sind gemeint? Schreibe sie auf!
(Lösung: beißen, (zer-)reißen, schließen, grüßen, fließen, stoßen)

| | | |
|---|---|---|
| be | beißen | abbeißen, anbeißen, aufbeißen |
| um | grüßen | |
| ver | schließen | |
| ab | reißen | |
| an | gießen | |
| auf | stoßen | |

2. Bilde sinnvolle Verben mit den passenden Bausteinen!

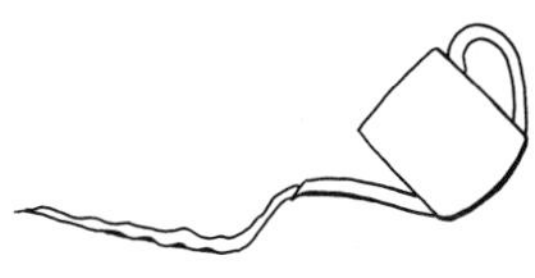

## Schwierige Vergangenheitsformen

reißen: **aber** ich ______ **gestern**    ich lasse: ich ______ gestern

fließen: es ______    gießen: ich ______

ich weiß: ich ______    vergessen: ich ______

| | | | | | |
|---|---|---|---|---|---|
| *goss* | *vergaß* | *wusste* | *riss* | *ließ* | *floss* |

3. Setze die richtige Form ein! Färbe die Buchstaben für kurze Selbstlaute mit Bleistift, die für lange Selbstlaute blau!

# 7.1.11 Worttrennung am Zeilenende

**Thema der Klassen 2–4**

## Sachanalyse

Die überkommene und in den Schulen wie auch bei Eltern gebrauchte Bezeichnung für dieses Rechtschreibthema lautet „Silbentrennung". Diese alte Bezeichnung spiegelt den Sachverhalt, dass wir geschriebene Wörter überwiegend da „abbrechen", wo beim gesprochenen Pendant eine Silbengrenze ist. Dies wird gemacht, um den Schreibraum auszunutzen oder um keine störenden Lücken bei Blocksatz-Layout entstehen zu lassen.

Die Silben beginnen möglichst mit einem Konsonanten, wenn mehrere zur Verfügung stehen mit dem stimmlosesten, häufig mit /p/, /t/, /k/. In ihrem Kern haben sie in der Regel einen Vokal. Vor oder nach dem vokalischen Kern muss der konsonantische Rand nicht unbedingt besetzt sein: /er/ – Anfangsrand nicht besetzt, aber Endrand, /ru/ – Anfangsrand besetzt, Endrand nicht. Bei /ha:r/ sind Anfangs- und Endrand besetzt. Auf weitere Aspekte und Begrifflichkeiten der Silbengliederung kann hier nicht eingegangen werden, abgesehen von der Problematik des Silbengelenks. Einige Linguisten bezeichnen damit die Erscheinung, dass bei Wörtern mit Kurzvokal der folgende Konsonant sowohl zur ersten wie zur zweiten Silbe gehört, ein „Scharnier" darstellt. Beispiele hierfür sind etwa das /t/ in *Butter*, das /m/ in *kommen*, aber auch das /ŋ/ in *Schlange*. Andere sprachwissenschaftliche Positionen sprechen hier nicht von Silbengelenken, sondern von einem „festen Anschluss" der zweiten Silbe an die erste, jede Silbengliederung führe bei Wörtern wie *Ratte* zur „unnatürlichen", verzerrten Artikulation. In der Tat kann es zu Längungen (/a:/) oder Behauchungen ($[t^h]$ bei /t/ in *Ratte*) kommen, wenn Silben gebildet werden.

Die Lage nach der Rechtschreibreform lässt sich für die Grundschule in vier Prototypen zusammenfassen (vgl. RISEL 2000c):

Am Zeilenende trennen:

- zunächst nach Silben: schrei - ben
- deshalb auch Ki**s** - **t**e
- Bä - **ck**er
- Hä**nd** **l**er
  12 3 => neue Zeile

Das letzte Beispiel zeigt, dass nicht nur nach Silben getrennt wird, diese wären Hän/dler, denn /d/ ist stimmloser als /l/. So kommt der letzte Konsonant eines Konsonantenbündels als Buchstabe auf die neue Zeile (vgl. die amtliche Regelung, § 108).

## Didaktischer Kommentar

Nach eigenen und anderen empirischen Untersuchungen (vgl. RISEL 1999a, 2002a, HANKE 2002) ist davon auszugehen, dass im Grundschulalter Silbiervarianten vorhanden sind. Das bedeutet, dass Kinder nur bei Wörtern mit langem Vokal wie *Ho/se* und bei Kurzvokalwörtern vom Typ *Kin/der* relativ sicher zu silbischen Gliederungen imstande sind. Bei den Wörtern mit doppelten Konsonantenbuchstaben entwickelt sich offenbar von Anfang bis Ende der Grundschulzeit unter dem Einfluss von Unterricht und Schrifterfahrung eine Gliederung, die den rechtschreiblichen Normen entspricht. Dazu finden sich weitere Gliederungsweisen, hier am Beispiel *Messer* demonstriert.

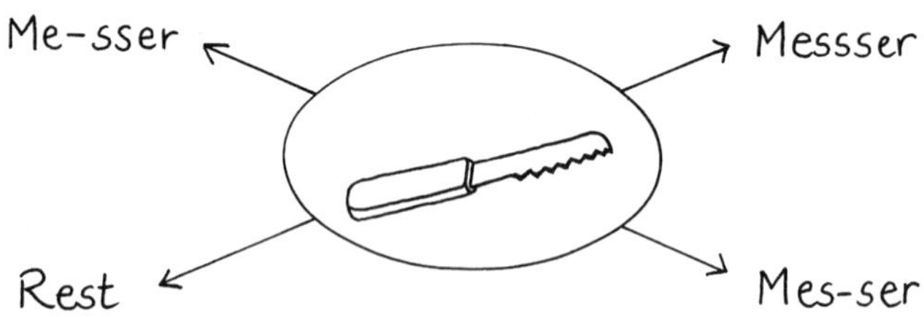


Das hat für entsprechende Unterrichtsstunden zur Konsequenz, dass in Klasse 2 (Einführung) zunächst nur „sichere" Beispielwörter wie *Kinder* oder *Hose* als Grundlage benutzt werden, außerdem müssen die individuellen Gliederungsvarianten in der Klasse angesprochen werden.

Die Kinder trennen in Aufsatz und Diktat relativ selten Wörter am Zeilenrand. Nach Untersuchungen von HOFMANN (1999, S. 117) sind dies nur etwa ein halbes bis ein Prozent (für Kl. 3 und 4; ähnlich REUTER mit 1,1 % für Kl. 3). Davon trennen sie die meisten korrekt, lediglich ca. 15 % sind falsch. Die Trennung stellt also kein zentrales Rechtschreibphänomen dar, andererseits muss in der Sekundarstufe eine entsprechende Kompetenz vorhanden sein, um oft inakzeptable Trennungen des PC-Schreibprogramms kontrollieren und korrigieren zu können. Bei Schreibaufgaben sollte den Grundschulkindern die Möglichkeit eröffnet werden, Trennungen zu vermeiden. Dies empfehlen auch einige Schulbücher. Zur klaren Abgrenzung sollten die ganze Schulzeit über jedoch gleiche Kennzeichnungen für die verschiedenen Spracheinheiten verwendet werden:

| | | |
|---|---|---|
| Für Sprechsilben Silbenbögen unter dem Wort: |  | Woh nung; |
| für geschriebene Wortteile den Trennstrich: |  | Woh - nung; |
| für Wortbausteine: | | Wohn ung. |

In diesen Ausführungen wird die Silbe für Rechtschreibphänomene nur bezüglich der Trennung herangezogen. Andererseits ist es wichtig, im Anfangsunterricht zu reimen, zu Wörtern zu klatschen oder zu klopfen (zu stampfen, zu schwingen, zu schreiten), um sprachliche „Portionen“ wahrzunehmen. Wegen der Silbiervarianten und weil unseres Erachtens Wortbausteine vielfältigere Erklärungsgrundlagen für sprachliche Erscheinungen sind, bleiben die „Sprechhäppchen“, so unser didaktischer Parallel-Terminus für den Anfangsunterricht, nur auf den o.g. Randbereich beschränkt.

## Vorgehensweisen

Beim Singen von Liedern und beim Sprechen von Reimen und Abzählversen lässt sich intuitiv die Silbenbildung aktivieren, über die die Kinder in der Regel schon im Vorschulalter verfügen. Sie können eine Art Robotersprache sprechen, bei der die Sprechhäppchen langsam und mechanisch gebildet werden. Frage: „Wozu kann diese Sprache benutzt werden?“ Die Kinder werden, dies ein dritter Zugriff, mittels eines Satzes auf einem großen Pappstreifen, der auf den Zeilen der Tafel unterzubringen ist, auf das Trennungsproblem hingeführt. Sie machen an einem geeigneten Wort Vorschläge, wo dieses zerschnitten werden muss, und führen dies an der Tafel aus. Die Kinder werden durch ihre Schrifterfahrung schon in Klasse 2 auf den Trennstrich hinweisen, der die Bruchstelle grafisch markiert. Anschließend trennen sie geeignete Wörter im Heft.

In Klasse 2 oder 3 kann die Klasse **Schreibproben von Schulanfängern** oder Vorschulkindern kommentieren, die das Wort am Zeilenende willkürlich abbrechen:

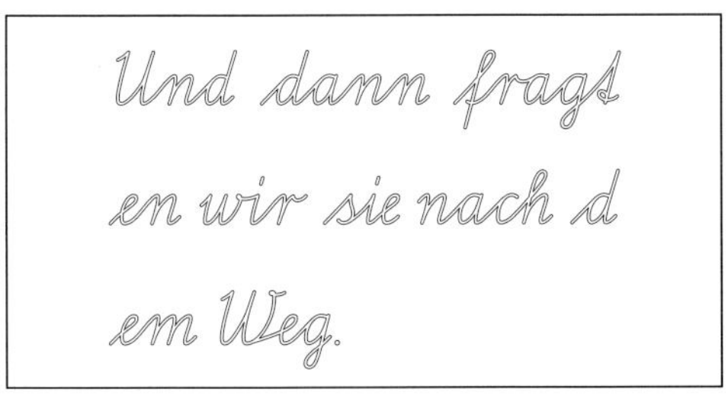


Erstklässlern den Begriff Silbe umschreiben zu lassen wäre eine Aufgabe, die das Verständnis der Kinder dokumentiert („Sprechhäppchen“). Die Schülerinnen und Schüler können sich in Klasse 4 schließlich einem **„Selbsttest“** unterziehen: „Ich bin ein Musterschüler“ usw., s.u. Zu jedem Typus konkretisiert eine Schreibprobe das „Verhalten“ am Zeilenende (vgl. Risel 2000 c):

a) Der **„Musterschüler“** nutzt den Schreibraum einer Zeile weitgehend aus und trennt lange Wörter mittels des vorgeschriebenen Trennungsstrichs.
b) Der **„Grenzüberschreiter“** schreibt Buchstaben oder ganze Wörter auf den Rand hinaus.
c) Der **„Quetscher“** respektiert den Rand als Grenze, schreibt die Buchstaben aber immer kleiner, um alle auf der Zeile unterzubringen. Die Leserlichkeit des gequetschten Wortes ist eingeschränkt.
d) Der **„Kurvenschreiber“** akzeptiert den Rand ebenfalls, schreibt jedoch das angefangene Wort kurvenartig nach oben oder unten weiter.
e) Der **„Angsthase“** lässt bewusst oder unbewusst zwei oder mehr Zentimeter auf der Zeile frei, weil er unsicher ist, ob das Wort noch auf die Zeile passt.

Die beliebten Silbenrätsel können als Syntheseaufgabe bei unproblematischen Gliederungen eingesetzt werden, ein vermehrter Einsatz dieses Aufgabentyps scheint jedoch wenig angebracht, weil wenig lernförderlich. Ohne die Silbengrenze in schwierigen Fällen ausdrücklich anzusprechen kann eine Aufgabe zum Silbenzählen intuitives Wissen aufzeigen:
Wie viele Silben haben

*Lehrerin* ___, *Mensch* ___, *Schneeballschlacht* ___ usw.?

# 7.2 Phänomene mit Wortbausteinbezug

Wegen der grundsätzlichen Bedeutung der Morpheme ist den Ausführungen zu einzelnen Rechtschreibregelungen ein Kapitel 7.2.1 zur Einführung der Präfixe, Stämme und Suffixe vorangestellt. Die teilweise auch auf Wortbausteingrundlage geregelte Worttrennung am Zeilenende wurde wie die Schreibung von *ver-* bei lautbezogenen Phänomenen behandelt, um die Themen nicht zu „zerreißen". Dies gilt auch für die *ß*-Schreibung.

## 7.2.1 Wortbausteine: Stamm, Präfixe und Suffixe

**Thema der Klassen 3–4**

### Sachanalyse

Das morphologische Prinzip ist eine der tragenden Säulen der deutschen Rechtschreibung. Es konserviert in den Wortbausteinen, meist den Stämmen, Bedeutung für die Lesenden relativ unabhängig von der Lautung: „Schreibe Gleiches möglichst gleich!" (GALLMANN/SITTA 1996 a, S. 39). Je nach wissenschaftlicher Position werden mehr oder weniger Rechtschreiberscheinungen dem morphologischen (auch: morphematischen) Prinzip zugerechnet. Auch wer bei doppelten Konsonantenbuchstaben oder bei „Dehnungs-*h*" und *ie* Erklärungen heranzieht, die auf der Silbe beruhen, bestätigt die Konstanz der Schreibungen bei Flexion, Ableitung und Zusammensetzung. Wer *mm* in *kommen* als Schreibung des Silbengelenks interpretiert (vgl. 7.2.4), beschreibt dessen Konservierung in einsilbigen Formen auch als Stamm- oder morphologisches Prinzip. Die „relative Stammkonstanz" (vgl. Vorbemerkungen zum § 1 der amtlichen Regelung) wurde durch die Rechtschreibreform deutlich ausgeweitet. Andererseits müssen Stammvariationen wie *lesen – liest* oder *Winkel – winklig* zur Kenntnis genommen werden („Allomorphie").

Im Gegensatz zu silbenorientierten Auffassungen rechne ich folgende acht Fälle dem morphologischen Prinzip zu (vgl. RISEL 2002 a):

Es ist nach NERIUS et al. (2000) für das schnelle leise Lesen nicht erforderlich, silbische Informationen in Schrift festzuhalten. Gelesen werde meist ohne Bezug zur Lautung (vgl. S. 127). Dass Wortbausteine, verstanden als kleinste sprachliche Einheiten mit inhaltlicher Bedeutung oder sprachlicher Funktion, als wissenschaftliche Erklärungsgrundlage dienen, bedeutet jedoch nicht eine reine Abbildung dieser Orientierung auf die Lernenden. Es ist durchaus möglich, einige Phänomene ohne entsprechende Begrifflichkeit zu vermitteln und zu lernen, z. B. die *äu*-Schreibung.

Gewonnen werden Morpheme vereinfacht durch die Gegenüberstellung von Wörtern, die sich in genau einem bedeutungstragenden „Element" unterscheiden: *gut – ungut.*

Problematisch sind hierbei Wörter mit sog. Pseudoaffixen: *Gewinn* oder *verlieren* sind ebenso wenig in Bausteine gliederbar wie die Zweisilber *Wetter* oder *Hammer.*

### Didaktischer Kommentar

Die reale Verfügung über Wortbausteine – ausdifferenziert nach Wortstämmen, vorangestellten und nachgestellten Wortbausteinen – scheint nach ersten Erhebungen umgekehrt proportional zu ihrer Bedeutung für Rechtschreibung, Wortartenbestimmung und Bedeutungsklärung in den Köpfen der Beteiligten verankert zu sein (vgl. RISEL 2003 a).

Die Verwendungsmöglichkeit für Wortbausteine im Unterricht kann so umrissen werden.

1. Morpheme in Gestalt von Suffixen sind per Ableseprobe (vgl. GALLMANN/SITTA 1996, S. 13 f.) Hilfen zur Identifizierung von Nomen und Adjektiven. Ergänzend zur häufig im Unterricht vorherrschenden semantischen Wortartbestimmung können damit sichere Zuordnungen vorgenommen werden: *ung* signalisiert Nomen, *lich* Adjektive usw. Außerdem lässt sich über die Veränderungsmöglichkeit von Wörtern deren Wortart mit bestimmen. Nomen können meist einen Plural bilden, Verben verändern sich nach der Person usw.

2. Weiterhin ist bei der Arbeit an Wortfamilien und komplexen Wörtern Wortschatzreflexion und Wortschatzerweiterung erforderlich und möglich. Kinder weisen zu Beginn der Grundschulzeit in ihrem Wortschatz nicht immer stabile Zuordnungen von Ausdruck und Bedeutung auf, sie produzieren noch Neubildungen vom Typ **schlüsseln* für *zuschließen* oder (ein Beispiel aus dem Sachkundeunterricht Klasse 2) sie sagen *Gleichgewicht oder Mittelgewicht* für *Normalgewicht* (vgl. OOMEN-WELKE 1998, S. 55). Beispiele, Umschreibungen, Analogien und dabei natürlich Zerlegung der komplexen Wörter in ihre Bausteine können mit ihrer Verwendung in Kontexten die Wortschatzdifferenzierung und -ausweitung bewerkstelligen. So steigt der Wortschatz von 3000–5000 Wörtern zu Beginn auf etwa 20000 Wörter am Ende der Schulzeit an. Illustriert sei dies an Farbadjektiven: Während am Grundschulbeginn die Standardausdrücke *grün, gelb, rot …* benutzt werden, muss von Kindern in Klasse 4 erwartet werden, dass sie mit *dunkelrot, orangerot* oder *zitronengelb* präzisere Charakterisierungen vornehmen können.

**Mögliche rechtschreibliche Morphembezüge**

**bei**

| **sp/st** | **Dopplung** | **Dehnungs-h** | **Wort-trennungen nach §§ 111, 112** | **Morphemfuge und Fugen-s** | **äu/ä** | **Auslaut-verhärtung, g-Spiranti-sierung** | **ver-** |
|---|---|---|---|---|---|---|---|
| ***bespielen*** | ***kommt*** | ***Typ zäh Typ Bahn*** | ***Emp-fang hin-auf/hi-nauf*** | ***annehmen Geburtstag*** | ***Räuber hätte*** | ***Berge neblig*** | ***verstehen vs. fertig*** |

3. Wortbausteine sind rechtschreiblich zentrale sprachliche Einheiten, wie oben ausgeführt wurde. Die Verfügung über diese Einheiten kann auf unterschiedlichen Bewusstheitsniveaus geschehen. May (1993) spricht in diesem Zusammenhang von einer morphologischen Strategie und lokalisiert ihren Beginn in der Mitte der Grundschulzeit.

4. In Dialekten finden sich Kontraste zur Standardsprache nicht nur auf der Lautebene. Auch bei Wortbausteinen gibt es Unterschiede. In den Dialekten des deutschen Südwestens beispielsweise kommen Präteritumformen selten vor. Das Vergangenheitstempus ist im Wesentlichen das Perfekt. Dies hat zur Folge, dass sich in Texten der Primar-, aber auch der Sekundarstufe Übergeneralisierungsfehler vom Typ *rufte, gießte, schneidete* finden. Dies gilt wegen des oft ungesteuerten Zweitspracherwerbs auch für viele ausländische Kinder. Quantitativ weniger ins Gewicht fallen geschriebene Nichtstandardformen wie „verkältet" oder „verzählt" (i.S.v. *erzählt*). Solche Schreibprobleme bewusst machen heißt offen oder „verdeckt" Wortbausteine anzusprechen.

5. Flexionsendungen sind eine wichtige Grundlage dafür, Sätze zu verstehen. Außer der Bedeutung der Wortstämme und der Wortbildungsbausteine müssen Kinder das Zusammenspiel der Flexionsendungen mit Wörtern im Satz verstehen, um sinnvolle Sätze produzieren und verstehen zu können. Zur Illustration nur ein einfaches Beispiel: *Lisa und ihr Freund Max geht zur Schule.* Dieser Aspekt ist vor allem für ausländische Kinder und Kinder mit geringer sprachlicher Anregung nicht unwichtig.

Aus diesen Gründen machen Lehrpläne schon im Anfangsunterricht Wortbausteine zum Unterrichtsthema, es finden sich in Sprachbüchern immerhin zwischen 5 und 15 % an entsprechenden Seiten.
Allerdings hat Unterricht zu Wortbausteinen offenbar oft nicht den gewünschten Erfolg. In einer eigenen Untersuchung an über 150 Kindern der Klassen 3 und 4 (vgl. Risel 2003 a) nutzen die Befragten Wortbausteine bei Wörtern wie *Dummheit* oder *freundlich* nicht zur Wortartidentifizierung. Sie nennen die gängigen, meist auch erfolgreichen Zugriffe wie die Artikelprobe oder die semantische Dimension der Wortart. Sie vermischen die metasprachlichen Begriffe des Lehrplans, *Wortbaustein* wird als *Satzbaustein* bezeichnet oder als *Wort* oder *Silbe.* Und sie finden eigene Bezeichnungen: *Wortstein, Hauptbaustein, ein einzelnes Wort, mit denen kann man Sätze bauen.* – Viele jedoch können trotz Unterricht keine Angaben zu Wortbausteinen machen. Dazu gehören auch die in Interviews mit dreidimensionalen Bausteinen konfrontierten Kinder. Eine Umschreibung für den *Stamm* als *das Wichtigste* führt bei den Kindern immerhin überwiegend dazu, in Beispielwörtern den Stamm anzukreuzen. Jedes siebte Kind der drei dritten Klassen beließ jedoch die falsche Präteritumform **rufte*, 28 Prozent konnten keine Angabe zur richtigen Form *rief* machen. In Klasse 4 schrumpfte dieser Anteil immerhin auf 3 Prozent. Nur ein Fünftel entdeckte bei *aussieht* die beiden „s" an der Morphemfuge, 44 Prozent konnten die Schreibung mit einem „s" nicht korrigieren.
Erste Konsequenzen aus den ernüchternden Ergebnissen sind:

- Einheitliche Visualisierungen versprechen Klarheit bei der Abgrenzung von Morphemen gegenüber anderen Spracheinheiten. Alle Wortbausteine bekommen zunächst dreidimensionale Sprachverpackungen, später ein Kästchen.
- Die simulierte situative Einbettung der Präfixvermittlung *(zerschneiden, einschneiden)* kann sprachliche Reflexion mit Alltagserfahrung verbinden und dem schulischen Sprachwissen den Charakter eines Fremdkörpers nehmen (⇒ Kopiervorlage 17).
- Dazu dient auch die funktionale Vernetzung des morphologischen Wissens mit dem Rechtschreiben, wofür es beiläufig aktiviert werden muss, mit der Bedeutungslehre und dem Grammatikunterricht.
- Handlungsorientierter Umgang mit zwei- und dreidimensionalen Bausteinen macht die sprachliche Basiseinheit begreifbar und ist behaltensfördernd, weil eine weitere Wahrnehmungsebene geschaffen wird.
- Die Zergliederung von komplexen Wörtern statt bloßer unterfordernder Synthese von vorgegebe-

nen Wortbausteinen ist anspruchsvoll, aber für die schriftsprachliche Kompetenz der Kinder zentral.

- Die Begrifflichkeit, wie sie etwa für Baden-Württemberg vorgeschrieben war (vorangestellter/nachgestellter Wortbaustein, Stamm, dazu Endung für die Flexionsmorpheme) scheint schlecht lernbar zu sein. Es sind Versuche mit einfacherer Terminologie notwendig: *Anbau vorne, Anbau hinten* oder *Vorbau, Nachbau* (vgl. STAIBER 1987, WALTER 1999).

## Vorgehensweisen

Die Kopiervorlagen konkretisieren einige der oben angeführten Konsequenzen für eine wirksamere Vermittlung der Wortbausteine. ⇒ Kopiervorlage 20 spricht vorrangig die vorangestellten Wortbausteine in ihrer bedeutungsändernden Funktion an. Einbezogen sind auch die sogenannten Verbzusätze, die als selbstständige Wörter vorkommen und teilweise vom Verb trennbar sind *(herfahren, fährt her)*. Durch Abknicken von Bausteinen auf Papierstreifen bleibt die Kompetenz keine kopflastige. Die letzte Aufgabe zu den Stämmen ergänzt Aufgaben in Lehrwerken, die deren Gleichheit in einer Wortgruppe durch Einkringeln o. Ä. herausstellen. ⇒ Kopiervorlage 21 vertieft das Gelernte.

⇒ Kopiervorlage 22 sollte erst eingesetzt werden, wenn zuvor an der Tafel gerätselt wurde, was denn in die „Lücken" des Satzes „Ein (klein)es (Kätz)chen hat sich in der (groß)en (Stadt) ver(lauf)en" passen könnte. Wenn die Kinder eine Weile geraten haben, werden die Magnetkärtchen mit den Stämmen gezeigt. Diese müssen nun in der richtigen Reihenfolge eingesetzt werden. Am Ende wird der vollständige Satz nochmals gelesen und die Kärtchen werden anschließend kurzzeitig entfernt (Weglassprobe). Auch diese rudimentäre Satzversion wird gelesen. Nun wird gefragt, was die Sätze unterscheidet und wie man die Kärtchen nennen könnte. Der Stamm-Begriff muss im Verlauf des Unterrichts von der Lehrperson eingebracht werden. Anschließend tragen die Kinder die Überschrift *(Der Wort | stamm)* und den vollständigen Satz ein und gehen auf den Sinn der Stammkonstanz fürs Lesen, auf Stammänderungen und schwierige Stellen an Stammgrenzen ein. Die Kinder brauchen hier Hilfe.

⇒ Kopiervorlage 21 will die Wortartanzeige durch Wortbausteine in Klasse 4 bewusst machen.

Als Einstieg in die Stunde wird die Fehlschreibung der Wörter *Sendung* und *windig* (klein bzw. groß) präsentiert. Die Kinder kommentieren und nennen voraussichtlich Artikelprobe und Wie-Frage als Kriterien. Die Kärtchen werden nun umgedreht, auf der Rückseite steht die normgerechte Schreibung. Nun schließt sich die Frage an, ob auch ohne zusätzliche Fragen und Hilfen am Wort direkt die Wortart abgelesen werden kann. Die Kinder sollen erkennen, dass die Bausteine *ung* und *ig* (nicht die Silben **dung* oder **dig*!) Indikatoren sind. Bei unklaren Bausteingrenzen, s. Klammer, werden weitere Wörter gesucht (*Heizung, s*onnig), die zeigen, wo die Baustein-Grenze verläuft. Das Vorwissen der Kinder wird nun aktiviert, indem sie großgeschriebene Wörter mit entsprechenden Bausteinen an der Tafel in eine Tabelle sortieren sollen

| Nomen | Adjektive |
|---|---|
| | |

*Wildnis Dummheit furchtbar einsam unruhig Hoffnung bergig unglücklich kindisch salzig einsam brennbar Sauberkeit.*

Sie umrahmen jeweils als eine Begründung neben Wie-Frage oder Artikelprobe die „Adjektiv-Macher" *ig, isch, lich, bar, sam* und die „Nomen-Macher" *ung, heit, keit, nis.*

Eine Benennung der „Endung" kann abschließend erfolgen, kindgemäße Etiketten wie *Anbau, Nachbau* o. Ä. sollten aufgegriffen werden. ⇒ Kopiervorlage 22 dient der Übung, ⇒ Kopiervorlage 24 wiederholt am Ende der Grundschulzeit die Kenntnis der Wortartsignale durch eine Ausmalaufgabe.

| Name: | Vorangestellte Wortbausteine | KV 20 |
|---|---|---|

# Nicht *ab*, sondern *ein*!

Karsten hat nicht richtig zugehört.
Die Lehrerin hatte beim Basteln gesagt:
„Zuerst müsst ihr die Figur bis zur gestrichelten Linie einschneiden.“
Doch Karsten hat den Karton abgeschnitten.
Jetzt braucht er eine neue Bastelvorlage.

1. Karsten hat nur einen kleinen Wortbaustein nicht beachtet.
Unterstreiche die Stelle im Wort.
Erkläre deinem Partner den Unterschied zwischen *einschneiden* und *abschneiden*!

# Was passt?

a) Du sollst endlich _____fahr|en, damit wir in Karlsruhe rechtzeitig _____komm|en.

b) Kannst du bitte mal _____komm|en, ich möchte dir etwas zeigen.

c) Was hast du zum Geburtstag _____komm|en?

d) Ich darf mit meiner Schwester _____kauf|en gehen.

e) _____brauch|e nicht zu viel Geld!

*f) Sollen wir die Geschichte von der Tafel _____schreib|en?

*g) Alle mal _____hör|en!

her | ver | ab | an | ein | be | her

2. Setze die richtigen Wortbausteine ein.

*herkommst* *vorsagt* *beschreibt* *hinstellen* *zerschneidest*

3. Schreibe diese Wörter auf Papierstreifen und knicke die vorangestellten Wortbausteine ab!
Wie heißt das Wort nun und was bedeutet es jetzt?

4. Wer kann auch die nachgestellten Bausteine abknicken?
Übrig bleiben die Wortstämme.

*ab – an – aus – be – her – ver – …*
Diese Wortbausteine stehen **vorne im Wort**.
Deshalb nennt man sie ***vorangestellte*** Wortbausteine.
Sie verändern den Sinn eines Wortes.

| Name: | **Vorangestellte Wortbausteine** | KV 21 |
| --- | --- | --- |

# Viel Arbeit für Lasterfahrer Willi

umladen zuladen
verladen
einladen abladen
beladen
aufladen entladen

Willi hat viel zu tun.

Zunächst muss er die schweren Säcke __________ .

Dann kann er sein Fahrzeug erst __________ .

Einige kleine Päckchen will er ins Führerhaus vorne __________ .

Die großen Kisten möchte er als letzte __________ .

Wenn endlich alles __________ ist und er wirklich nichts mehr __________ kann, fährt er los.

Am Ziel hilft ihm ein Freund. Gemeinsam __________ sie den Laster.

1. Setze die passenden Wörter ein! Achtung: Eines bleibt übrig.

2. Welches Wort bedeutet das Gegenteil?

beladen – __________

aufladen – __________

ausladen – __________

3. Zeichne ein Kästchen um den Baustein im Wort, der das Gegenteil anzeigt!

| Name: | **Wortstamm** | KV 22 |
| --- | --- | --- |

# Wenn der Wortstamm fehlt

Ein ____ es ____ chen hat sich in der ____ en ____ ver ____ en.

*Kätz* *lauf* *klein* *groß* *Stadt*

1. Setze die passenden Wortstämme in die Kästchen ein!

   Ist der Satz verständlich, wenn die Stämme fehlen? ____________

Das Wichtigste im Wort ist meist der **Wortstamm**.
Oft bleibt er gleich oder fast gleich.

*Hüte* hat den Stamm *Hut*, sonst könnte man auch *Hyte* schreiben

2. Weshalb ist es gut, wenn wir beim Lesen zum Beispiel das Wort *Räuber* sehen und nicht *Reuber*?

   ____________

   ____________

3. Manche Kinder erkennen die Wortstämme nicht gleich.
   Sie schreiben zum Beispiel *Kelte*, weil sie den Stamm kalt nicht erkannt haben.
   Zeichne ein Kästchen um den Wortstamm:

| | |
| --- | --- |
| lesen – verlesen – lesbar | kommt – bekommen |
| rauschen – Geräusch | Arbeit – arbeiten – Arbeiter |
| Wut – wütend | schreiben – schreibt |

4. Kannst du beim schnellen Sprechen hören, wo der Wortstamm anfängt?
   Probiere es aus!

   *abbinden* *annehmen* *unnötig* *aussehen* *verreisen* *Fahrrad*

   Welcher Fehler kann beim Schreiben des ersten Wortes passieren?

   ____________

5. Färbe die doppelten Buchstaben mit zwei unterschiedlichen Farben!

| Name: | **Wortstamm** | KV 23 |
|---|---|---|

# Wer einen kennt, kennt alle

Tina ver [ ] t ein [ ] es [ ] über [ ] e.

BUCH | SING | DICK | PFERD | SCHENK

1. Hier fehlen die ____________________.

   Setze die passenden ein und lies den Satz! Vorsicht: Ein Baustein passt nicht.

2. Ein Wortstamm ist ein Wort im Wort. Stimmt das?

   ____________________

3. Zeichne ein Kästchen um das, was in den Wörtern (fast) gleich bleibt:

   *b a u e n* — *b a u s t* — *G e b ä u d e*

   *W a s s e r* — *A b w a s s e r* — *w ä s s r i g*

   *g e r a u b t* — *r a u b e n* — *R ä u b e r*

   *F a h r t* — *u m f a h r e n* — *f a h r e*

   *Was meistens gleich bleibt, ist der* ____________________

4. Nicht immer bleibt der Wortstamm gleich.
   Färbe die Stellen, wo sich etwas verändert hat:

   [l e s] e n sie [l i e s] t — [h e l f] e n (du) [h i l f] s t

   [T r a u e r] [t r a u r] i g — [E k e l] [e k l] i g

   Das hat sich verändert: ____________________

   ____________________

5. Ein Kind hat das Wort Heuschen geschrieben.

   Es wusste nicht, dass ____________________

   ____________________

| Name: | **Nachgestellte Wortbausteine** |  |
|---|---|---|

# Wortbausteine zeigen die Wortart an

Bei vielen Wörtern braucht man nicht die der-die-das-Probe zu machen, um zu wissen, ob es ein Namenwort/Nomen ist.
Zum Beispiel hat das Wort DREHUNG ein Merkmal, an dem es sofort als Nomen zu erkennen ist. Unterstreiche die Stelle im Wort.

Auch viele Wiewörter/Adjektive haben solche Kennzeichen.
Unterstreiche ebenso bei FLEISSIG.

Lösung: Der Baustein -ung zeigt Nomen an, -ig zeigt Adjektive an.

1. Lies dir die Wortbausteine auf der nächsten Seite durch! Lerne sie auswendig und klappe sie dann weg!

2. Markiere alle nachgestellten Wortbausteine bei den folgenden Wörtern!

3. Notiere die Wortart zu jedem Wort und schreibe es mit großen oder kleinen Anfangsbuchstaben dahinter! (* = für Schnelle)

| **Wort** | **ist ein...** | **ich schreibe:** |
|---|---|---|
| VIERECK[IG] | Adjektiv | viereckig |
| RECHNUNG | | |
| QUADRATISCH | | |
| ABZWEIGUNG | | |
| SAHNIG | | |
| SAUBERKEIT | | |
| CREMIG | | |
| WUNDERBAR | | |
| ERGEBNIS | | |
| SELTSAM | | |

| Name: | Nachgestellte Wortbausteine | KV 24 |
|---|---|---|

LÖSUNG

KRANKHEIT

ZEUGNIS

*SPARSAM

*LESBAR

*SCHRECKLICH

Umknicken!

**Nomen-Anzeiger**

ung | heit | keit | nis

**Adjektiv-Anzeiger**

ig | isch | lich | bar | sam

| Name: | **Wortbausteine – Wiederholung** | KV 25 |
| --- | --- | --- |

1. Welche Bausteine stehen **vorne** im Wort? Färbe sie **gelb**.

2. Färbe die **nach**gestellten Bausteine **rot**, die Nomen bilden.

3. Färbe die **nach**gestellten Bausteine **blau**, die Adjektive bilden.

4. Ergänze drei Beispiele in der Tabelle:

| Nomen | Adjektive | Verben |
| --- | --- | --- |
| ***die Klug heit*** | ***freund lich*** | ***ver schreiben*** |
| | | |
| | | |
| | | |

Für Schnellmerker: Kann der Baustein los vorne oder hinten im Wort stehen? Nenne Beispiele:

# 7.2.2 Wörter mit *sp/st*

**Thema der Klassen 2–3**

## Sachanalyse

Die amtlichen Regeln sagen es verständlich und knapp: „Für den Laut [ʃ] am Anfang des Wortstammes vor folgendem [p] oder [t] schreibt man *s* statt *sch* (§ 27). Zur Illustration: Dies betrifft Wörter wie *spielen,* aber auch *abspielen.* Das heißt, dass der Wortanfang als Lokalisierung des Phänomens nicht ausreicht. Die seltenen Fälle *Waschpulver* oder *Mischtrommel* zeigen, dass wortstammübergreifend die Lautfolge /sp/ durchaus als *schp* geschrieben wird. Die Morphemgrenze ist also wichtig.

## Didaktische Analyse

Oft werden *sp/st*-Fehler in Erhebungen nicht separat ausgewiesen, sie gehen in die Kategorie s-Laute ein. Daher gibt es wenige Daten. In der eigenen Erhebung (vgl. Risel 1995, S. 90) liegen Fehlschreibungen von ca. einem Prozent in Klasse 4 vor (vgl. auch Vogt 2002 für Kl. 3 und 4: 0,7 %). Das heißt, dass Schreibungen wie **schtellt* oder **Schprudel* am Ende der Grundschulzeit und in der Sekundarstufe nur bei schwachen Kindern auftreten. Forschungen Mays (vgl. 1990, S. 250) bestätigen dies, wenn er das Phänomen zu den relativ früh erworbenen rechnet. Unterrichtsschwerpunkt hierzu sollten folglich die Klassen 2 und 3 sein. Die Bewusstmachung kann auf unterschiedliche Arten erfolgen. Eine Visualisierung über Sprechblasen empfiehlt sich wieder. Vorherrschend in Sprachlehrwerken sind übende Einsetzaufgaben vom Typ *sp oder st?* Sinnvoller als solche Rateaufgaben (*spark* oder *stark*?) ist nach der Erarbeitung jedoch die Frage *s oder sch?* bei Wörtern wie *_wach* oder *_teil.* Dies zeigt, ob die Kinder den nachfolgenden Laut in den Blick nehmen oder nicht, dies fordert die Kinder und unterfordert sie nicht. Erfahrungsgemäß muss zunächst kein Wortbausteinbezug hergestellt werden, es genügt, auf den Folgelaut bzw. -buchstaben zu achten. Erst in einem zweiten Schritt kann durch Präfixverwendung bewusst werden, dass das Phänomen auch im Wort auftritt.

Dialektale Besonderheiten beeinflussen den Rechtschreibinhalt. In Süddeutschland (Schwäbisch, Alemannisch) wird auch in der Morphemmitte und am Morphemende [ʃp, ʃt] gesprochen, etwa bei *Kasper* und *Fest* (vgl. dtv-Atlas 1996, S. 230). Hinzu tritt die süddeutsche Konsonantenerweichung: **Feschd.* Allerdings wird dieses [ʃp]-Dialektphänomen selten beim Schreiben realisiert (vgl. Risel 1995, S. 92ff.). In Norddeutschland (vgl. dtv-Atlas 1996, S. 151) wird [s] auch vor [p] und [t] gesprochen.

## Vorgehensweisen

Ein Anknüpfungspunkt können *s-p*-Artikulationen von Hamburgern oder anderen Norddeutschen sein (das Klischee vom *S-tolpern über den s-pitzen S-tein*). Es kann sich die Frage anschließen, wer es schwerer hat beim Schreiben von Wörtern wie *sparen* oder *starten,* Kinder in Süddeutschland oder in Norddeutschland. Eine zweite Möglichkeit ist wieder die Thematisierung von fiktiven oder realen Fehlschreibungen. Durchgestrichene *schp-* und *scht*-Schreibungen fixieren das Entdeckte ebenso wie die Darstellung von Sprechblasen und Schreibung. Wenn die Grundlagen verstanden worden sind, kann provozierend gefragt werden, ob das *schp*-Verbot nur am Anfang eines Wortes zutrifft, dies scheinen die Beispiele ja nahe zu legen. Die Kinder kennen zahlreiche Wörter, wo der Wortstamm ins Wortinnere „gerutscht" ist: *versprechen ...* Es ist nur bei solider Wortbaustein-Einführung (s. Kapitel 7.2.1) sinnvoll, den Terminus *Stamm* zu verwenden.

| Name: | **Wörter mit *sp/st*** | KV 26 |
| --- | --- | --- |

# Wer s-tolpert hier?

Katja kommt aus Hamburg.
Sie spricht: „Ich s-tolperte über einen s-pitzen S-tein.“

1. Kannst du auch so sprechen? Probiere es aus.
2. Wie muss Katjas Satz auf Hochdeutsch gesprochen werden?

Frank macht es so: „Ich schtolperte über eine schpitzen Schtein.“

Die anderen Kinder finden das richtig.
Doch als er es an die Tafel schreibt, lachen sie.

3. Finde heraus, wann **s** und wann **sch** geschrieben wird?

   Diese Wörter zeigen es: der Stein, der Staub, der Schwamm, der Sport, der Schmutz, das Spiel, der Schlag, der Spatz

Du hörst ***schp*** oder ***scht***,
du musst aber ____ und ____ schreiben.

| | | |
| --- | --- | --- |
| ☆olpern ______ | ☆aren ______ | ☆lagen ______ |
| ☆ielen ______ | ☆itz ______ | |
| ☆ark ______ | ☆mal ______ | ☆weben ______ |
| ☆wer ______ | ☆nell ______ | |

4. Prüfe mit dem ergänzten Merksatz und schreibe das ganze Wort auf:

   ____ließen ____lecken ____toßen ____wimmen ____witzen
   ____teinig ____wach ____wierig ____tark ____portlich

5. Ergänze!
6. Lass dir Wörter dieser Seite diktieren!

## 7.2.3 Morphemfuge vom Typ *aussehen*

**Thema der Klassen 3–4**

### Sachanalyse

Bei Zusammensetzungen *(Fahrrad)* und Wörtern mit Präfixen *(annehmen)* werden bei „normaler" Umgangslautung, also nicht bei Überartikulation, die an der Morphemfuge befindlichen gleichen Konsonanten nur als Einfachkonsonant gesprochen.
Beim Schreiben bleiben aber wegen des morphematischen Prinzips, von wenigen Fällen wie *größte* abgesehen, beide Bausteine erhalten. Dies erleichtert die Sinnentnahme beim Lesen.
Fehlerverlockungen gibt es auch beim „Fugen-*s*" in Wörtern wie *Geburtstag, Adventskranz* oder *Schiedsrichter,* wo die Lautverbindung /ts/ zu hören ist. Die Fugenelemente (auch *-er* oder *-en*) tragen unterschiedliche Bezeichnungen, was auf theoretische Problem bei ihrer Zuordnung zu den Wortbausteinen hinweist, die ja Bedeutung tragen oder grammatische Funktion haben müssen. Ob den Fugenelementen Morphemstatus zukommt oder nicht, ist jedoch für den Grundschulunterricht nicht wichtig.

### Didaktischer Kommentar

Fehleranalysen zeigen, dass Fehler vom Typ **unötig* nicht ganz selten sind (vgl. Zeuke 1980, Risel 2002a). Eine naive Orientierung am Sprechen hilft nicht weiter, denn bei „Umgangslautung" (s. Duden-Grammatik 1998) wird im Beispiel nur ein „n" gehört und gesprochen. Um die Fehlschreibung zu vermeiden, ist das Gliedern in Bausteine (Morpheme) die wichtigste Kompetenz. Für das Fugen-*s* kann „Klebstoff-*s*" als didaktischer Terminus dienen. Ob es erkannt wird oder ob bei *Fahrrad* die beiden *r* realisiert werden, dies zeigt, inwieweit die Kinder ein fortgeschrittenes morphematische Kompetenzstadium erreicht haben (vgl. Risel 2003a, Birck 1995). Hilfreich ist bei dieser Problemstellung eine zuvor erfolgte solide Einführung der Wortbausteine, die z. B. die Bedeutungsveränderung durch Präfixe thematisiert hat oder die Gleichschreibung der Stämme sowie die Wortartanzeige durch nachgestellte Bausteine.
Bei einer schriftlichen Befragung von 60 Drittklässlern und 90 Viertklässlern in Baden-Württemberg sollten die Kinder die Fehlschreibung **ausieht* verbessern und kommentieren (vgl. Risel 2003a). Kommentare ergaben sich extrem wenige. Bei den Verbesserungen erkannten die beiden „s" nur 20 % der Kinder in dritten Klassen, diese Quote stieg auf 61 % bei den vierten Klassen. Umgekehrt finden sich Berichte über fälschliche Verdopplungen von Konsonantenbuchstaben an der Grenze zwischen Wortbausteinen wie **herran* oder **Lehrerrin* (Belege in Risel 2002a). Auch diese Fehlerart ist keine ganz gewichtige, dennoch bleibt das Phänomen zu bearbeiten. Dies geschieht in Schulbüchern so gut wie gar nicht.
30 befragte Lehrerinnen und Lehrer wollen dem Problem (Beispiel **Fahrad*) vor allem durch orthographienahes Silbieren begegnen, dieses durch rhythmisches Gehen oder Klatschen stützen. Eine Rückführung auf in der Zusammensetzung enthaltene *Wörter* ist das zweithäufigste Vorgehen. Nur vier Befragte operieren mit Begriffen wie *Präfix, Stamm* oder *Stammmorphem.* Hier zeigt sich einerseits eine Vermischung von Silben- und Bausteingliederung, zum anderen eine terminologische Unschärfe, denn „fahr" ist kein Wort. Diese Abgrenzungsprobleme finden sich auch in Sprachbüchern, wo Silben, Wortbausteine und Wörter oft nicht trennscharf visualisiert sind.

### Vorgehensweisen

Eine sachliche Einstiegsmöglichkeit besteht darin, fiktive Fehlschreibungen oder solche aus der Klasse zu präsentieren, die zu kommentieren sind. Ein Beispiel könnte sein: *Wir durften das Geschenk nicht <u>anehmen.</u>* Die Kommentare werden objektsprachlich ausfallen, etwa: „Da steckt *an* drin und *nehmen.*" Seltener fällt die Bezeichnung „Baustein *an*" o. Ä.
Nun werden vorbereitete Papierstreifen mit Leerstellen an der Bausteingrenze ausgeteilt. Die Kinder müssen herausfinden, ob zwei gleiche Buchstaben aufeinander treffen oder nicht. Zur Kontrolle knicken sie das Präfix jeweils ab: Es muss bei identischen Buchstaben ebenso komplett sein wie der nachfolgende Stamm. Ein Wort- oder Lückendiktat, auch in Partnerarbeit, überprüft den Lernstoff anschließend. Eine Anmerkung zu *fertig*: Dieses Wort wie auch der Baustein *ver* werden häufig falsch geschrieben (s. Kapitel 7.1.6). Zwei große Wortkarten, die geknickt werden, sichern die Schreibung: *verkaufen – ver* lässt sich abknicken, übrig bleibt *kaufen* (Unterschied umschreiben lassen). Bei *fertig* lässt sich *fer* zwar auch abknicken, mit dem Wortrest *tig* ist jedoch keine Bedeutung verbunden, damit kann *fer* kein Baustein sein. Der einschlägige Merksatz zu *ver*, s. 7.1.6, stützt das Gelernte zusätzlich.
Wortbeispiele für die Morphemfuge sind: *verraten, weggeben, enttäuschen, zerreißen, verrechnen, annehmen, einnehmen, abbauen, entdecken, verreisen (auch vereisen möglich!), abbrechen, unnötig, unnütz* usw.
Zum Teil gesteigerte Anforderungen bieten *verändern, beenden, entdecken* (aber: *endlich – Ende*). Der Baustein *ent* ist nicht leicht in seiner Bedeutung zu fassen. Oft ist „weg von" eine Annäherung. Auch die häufigen Adverbien *herein, herum, heraus, herab* können durch die „Knickprobe" vor Fehlschreibungen durch Überlautieren bewahrt werden (**herraus* ist besonders schwierig, weil die Kurzform *raus* existiert).

# 7.2.4 Dopplung

**Thema der Klassen 2–4**

## Sachanalyse

In kaum einem anderen Bereich finden sich so kontroverse Erklärungen für den Sachverhalt, dass Wörter wie *Bett* oder *Hammer* mit doppelten Konsonantenbuchstaben geschrieben werden. Die amtliche Regelung zieht im Wortstamm den kurzen Vokal, wenn er betont ist, als Erklärung heran (vgl. § 2 ff.). Diesem Kurzvokal darf nur ein gesprochener Konsonant folgen, damit der Dopplungsfall gegeben ist: Bei *Hammer* ist das /a/ kurz und betont, das „e" ist zwar auch kurz, aber nicht betont („Murmel-*e*"). Es folgt ein Konsonant (/m/), so dass beim Schreiben die Doppelbuchstaben *mm* notwendig sind. Dies ist deshalb der Fall, weil die Vokalkürze nicht durch den Vokalbuchstaben selbst angezeigt wird, was wiederum mit der Übernahme der lateinischen Buchstaben für das Deutsche zusammenhängt. Die lateinische Sprache kennt jedoch keine Vokallängenunterschiede (vgl. Gallmann/Sitta 1996 a). Die Dopplung nach dem Kurzvokal ist also eine „Ersatzlösung". – In *kommt* folgen dem betonten und kurzen /o/ zwar zwei verschiedene Konsonanten, /m/ und /t/. Das /t/ gehört jedoch nicht mehr zum Wortstamm *komm*, so dass auch hier wieder gedoppelt werden muss. Eine Regel, die vom Vorkommen eines Kurzvokals im Stamm sofort auf Doppelbuchstaben schließen würde, wäre falsch: *Kind, Mist* oder *halten* zeigen dies. Die der Grundregel des § 2 folgenden §§ 3 bis 5 sind einmal erforderlich, weil es die sprachgeschichtliche Besonderheiten *ck* und *tz* für *kk* und *zz* gibt, zum anderen, weil es verschiedene Wortgruppen gibt, die trotz vorliegender Bedingung nicht mit doppelten Konsonantenbuchstaben geschrieben werden (*mit, ab, Bus, bin, hat* usw.) oder trotz fehlender Betonung des Kurzvokals mit Doppelbuchstaben geschrieben werden (*Kenntnisse* – das /ɪ/ ist nicht betont). Das Auftreten von Dopplungen bei den einzelnen Lauten variiert von 1 % bei *rr* bis 15 % bei *ll* (vgl. Naumann 1989, S. 88 f.).

Konkurrierende Erklärungen gehen entweder davon aus, dass in zweisilbigen Langformen die erste Silbe auf einen Konsonanten endet, der gleichzeitig zur zweiten Silbe gehört. Dies wäre bei *Hammer* das /m/. Dieses „Scharnier" zwischen beiden Silben wird als Silbengelenk bezeichnet, welches beim Schreiben als Doppelbuchstabe realisiert sei (vgl. Eisenberg in Duden-Grammatik 1998). Diese Erklärung ist prinzipiell möglich, auch sie bringt aber Ausnahmen mit sich, etwa bei Wörtern, die nicht verlängerbar sind (vgl. *bis* usw.).

Eine weitere silbenbasierte Erklärung stammt von Maas (vgl. Röber-Siekmeyer 2002). Diese Erklärung spricht bei einem Wort wie *Ratte* von einem „festen Anschluss" der zweiten Silbe an die erste und lehnt eine Aufgliederung solcher Wörter in zwei Silben ab, weil dies die Lautung verfälsche (was in der Tat beim Silbieren der Fall sein kann, es kommt zu Dehnungen und zu Behauchungen). Zugrunde liegt dieser Position die Unterscheidung der Silbe in „Schallsilbe" (gegliedert nach der Schallfülle der Laute) und (Atem-) „Drucksilbe". Bei *Ratte* handele es sich um *eine* Drucksilbe. Die Phänomenbezeichnung dieses Ansatzes lautet „Schärfung".

Eine dritte Silbenposition kann als naiv bezeichnet werden, sie setzt bei den Kindern voraus, dass ein Wort wie *Hammer* automatisch beim langsamen Sprechen in die Silben *Ham* und *mer* zerfiele, die als Schreiborientierung dienen könnten. Diese Auffassung findet sich in einigen Schulbüchern, ist empirisch aber nicht haltbar. Eigene Forschungen (vgl. Risel 1999 a und 2002 a) sowie Untersuchungen von Hanke (2002) haben ergeben, dass Kinder in der Grundschule Silbiervarianten sprechen (s. Kapitel 7.1.11).

Unterstützung finden silbische Erklärungen durch die Tatsache, dass klare Vokallängenunterschiede vor allem in Süddeutschland gesprochen werden, während im Norden dagegen die Vokalqualität *(Hund – Hond)* variiere (s. Kapitel 7.1.1).

Andererseits fragen Nerius et al. (1989, S. 23 ff. und 2000) zu Recht, ob Sprechsilben denn das Schreiben strukturieren würden. Sie gehen davon aus, dass beim schnellen, leisen Lesen als dominanter Aufnahmeform keine Lautbezüge realisiert würden.

## Didaktischer Kommentar

Mit etwa 12 % ist die fehlende (vorherrschend) oder fälschliche Dopplung von Konsonantenbuchstaben in der Grundschule Fehlerkategorie Nummer zwei nach der Großschreibung (vgl. Risel 1997a; Menzel 1985 u.a.m.). Daher muss ihr besondere Aufmerksamkeit geschenkt und entsprechende Zeit gewidmet werden. May hat nachgewiesen, dass das entsprechende Können erst relativ spät in der Grundschulzeit ausgeprägt ist (vgl. 1993). Dies spiegelt sich in der verstärkten Thematisierung der Dopplung in Klasse 3 und 4 in Sprachbüchern und Lehrplänen. Die Terminologie ist mit „Mitlautverdopplung" allerdings unzutreffend, denn es werden keine doppelten Mitlaute gesprochen. Thomé (vgl. 1999, S. 254 ff.) wies nach, dass die Kinder wie bei anderen Phänomen auch „Suchbewegungen" zur Regel durchführen, sie schreiben zunächst nur einen Buchstaben, später willkürlich Dopplungen, wo diese nicht legal sind (**kranck, *Stifft*), auch in Wörtern mit Langvokal, um schließlich zur Norm zu gelangen. Diese Suchbewegungen muss Unterricht unterstützen.

In diesem Ratgeber wird der morphembasierte Erklärungsansatz vertreten, wie er in der amtlichen Regelung zum Ausdruck kommt. Dies auch deshalb, weil

Wortbausteine für weitere Themen des Deutschunterrichts genutzt werden können. Silbenorientierung birgt zudem die Gefahr, dass Kinder sich zu sehr auf das naive Artikulieren verlassen.

## Vorgehensweisen

Als eine Basiskompetenz für die Dopplung muss die Vokallängenunterscheidung in Klasse 2 eingeführt werden. Die Kinder machen die Fingerspitzenprobe, indem sie das übertrieben lange oder kurze Sprechen des Vokals mit den Händen begleiten: Beim Kurzvokal tippen sie kurz auf der Tischplatte auf, beim Langvokal streichen sie mit dem Finger auf der Bank simultan entlang. Dadurch konzentrieren sich die Kinder auf das Problem und vermeiden (eher) das Raten. Die Fingerspitzenprobe kann in das Sortieren von Wortkärtchen integriert werden.

Die Kinder in Klasse 2 oder 3 werden gebeten, einige Kärtchen mit Wörtern wie *Schiff* oder *Bett* zu lesen und zu sortieren. Als „Kuckucksei" ist beispielsweise das Wort *Hut* darunter. Die Kinder sollen nun begründen, weshalb dieses Wort nicht zu den anderen Wörtern gehört. Nach bisherigen Erfahrungen wird nach dem Benennen der Doppelbuchstaben mit „schnell gesprochen" oder „kurz gesprochen" auch die Artikulation als Sortierkriterium genannt. Das Wissen von Kindern könnte damit so umschrieben werden: Bei kurz gesprochenen „Wörtern" wird oft ein doppelter Buchstabe geschrieben, bei lang gesprochenen nie.

Im nächsten Schritt müssen den Wörtern mit doppelten Konsonantenbuchstaben solche vom Typ *Kind* oder *Heft* gegenübergestellt werden. Hier greifen Kinder auch zu Beschreibungen wie „n und d sind zwei Bremser" o. Ä. Bei Fehlschreibungen wie **Winnd* sollte in Klasse 3 oder Anfang 4 von einem „klugen Fehler" gesprochen werden, denn das Kind hat immerhin den kurzen Vokal erkannt.

Induktives Vorgehen nutzt die eigenen terminologischen Annäherungen der Kinder an das Lernproblem. Das verschiedenfarbige Markieren visualisiert den Sachverhalt, dass bei zwei verschiedenen Lauten nach dem Kurzvokal nicht gedoppelt wird. Im dritten Schritt, Ende Klasse 3 oder in Klasse 4, lässt sich die Verschiedenschreibung von *alt* und *knallt* thematisieren, was das „t" (das „-t-Signal", wie es in didaktischer Absicht auch genannt wird, vgl. BRODERS/MANN 1994, S. 54ff.) als nicht mehr zum Wort, genauer zum Wortstamm gehörig erweist. Mit Wortbausteinen muss zuvor und begleitend gearbeitet werden (s. Kapitel 7.2.1). Parallel sind Ausnahmen vom Typ *hat* in den Lernwortschatz aufzunehmen. Als Lernhürde haben sich Wörter mit Zwielauten erwiesen. Kinder sprechen sie „schnell" und schreiben dann beispielsweise **Kreutz*. Die Zwielaute verhalten sich aber wie Langvokale, so dass nach ihnen nie gedoppelt wird.

Die ⇒ Kopiervorlagen 27 und 28 stützen Bewusstmachung und Übung der Vokallängenunterschiede, 29 und 30 sprechen die Dopplung direkt an.

| Name: | **Kurze und lange Selbstlaute** | KV 27 |
|---|---|---|

## Kuckuckseier suchen

backen schwitzen landen küssen stricken (fahren)

füllen raten danken fassen stören schaffen finden

1. Prüfe, ob die Selbstlaute lang oder kurz gesprochen werden!
Ein Wort mit langem Selbstlaut ist umkringelt.
Umkringle die zwei weiteren lang gesprochenen Wörter!

2. Schreibe die kurz gesprochenen Wörter auf:

## Lang-kurz-Übung

3. Verbinde nur die Wörter mit ***kurz gesprochenem*** Selbstlaut!
Verbinde jeweils das Paar, das sich reimt!

| | | | | | | | |
|---|---|---|---|---|---|---|---|
| Hut | O | O | Nuss | Tal | O | O | Riff |
| Stuhl | O | O | nun | lieb | O | O | Land |
| Kuss | O | O | kalt | Schiff | O | O | Schuh |
| bald | O | O | Blume | alt | O | O | Decke |
| Dose | O | O | Hand | Sand | O | O | Wald |
| Haar | O | O | hart | Rose | O | O | Wind |
| Wand | O | O | Watt | Schnecke | O | O | See |
| Schlamm | O | O | Tal | Kind | O | O | machen |
| viel | O | O | Lamm | Bett | O | O | rot |
| Blatt | O | O | Rad | lachen | O | O | fett |

4. Welche Besonderheiten haben die kurz gesprochenen Wörter?

Name:

# Lange und kurze Selbstlaute



## Lang oder kurz?

Damit man Wörter richtig schreibt, ist es oft wichtig, den Selbstlaut abzuhören.

*Löwe* *Spinne* *Käfer* *Schnecke* *Hahn* *Affe*
*Wurm* *Hund* *Fohlen* *Hirsch* *Wal*

1. Wende die Fingerspitzen-Probe an.
Sprich dabei den betonten Selbstlaut übertrieben lang aus: *Löööwe*,
dann übertrieben kurz: *Löwwwwe*.
Fahre bei der langen Aussprache mit der Fingerspitze den Tisch entlang!
Bei der kurzen tippst du ganz schnell auf den Tisch.
Du merkst: Das lange „ö“ ist richtig.

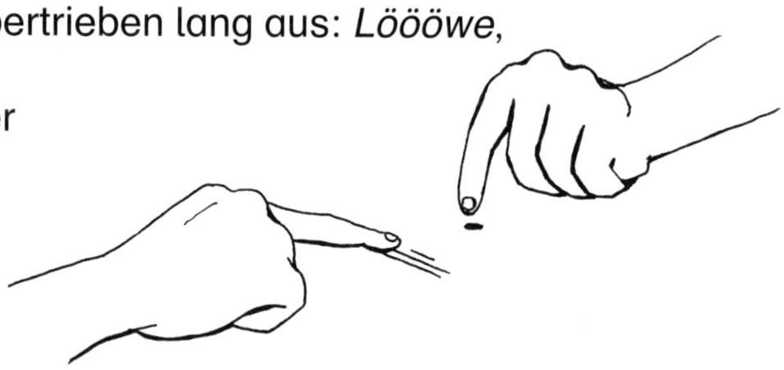

2. Markiere nun die Buchstaben für lange Selbstlaute mit einem Strich: ***Löwe***.
Kurze und betonte bekommen einen Punkt: ***Spinne.***
Das letzte „e“ bei Spinne wird nicht betont, es wird also auch nicht markiert.

3. Wann darf überhaupt nur verdoppelt werden (nn, ff …)?

4. Kreuze an:

| | *lang* gesprochen | *kurz* gesprochen |
|---|---|---|
| Türen haben ein **Schloss**. | | |
| Der Berg ist **hoch**. | | |
| Ich mag Schokolade nicht, wenn sie **hart** ist. | | |
| Bei **Nacht** habe ich manchmal Angst. | | |
| Der Dieb war auf der **Flucht**. | | |
| Das Wasser war ganz **flach**. | | |
| Sie **brach** einen Zweig ab. | | |
| Im **Fluss** schwammen Kinder. | | |
| Ein Boot **trieb** dahin. | | |
| Seine Kleidung war vom Regen **nass**. | | |
| Ich höre bei dem Lärm kein **Wort**. | | |
| Sie **ruft** sehr leise. | | |

| Name: | **Dopplung** | KV 29 |
| --- | --- | --- |

# Di – Da – Dopplung

1. Sprich zuerst alle Wörter halblaut aus. Was haben sie gemeinsam?
2. Kreuze das einzige Wort an, das lang gesprochen wird und keine Dopplung enthält.
3. Schreibe die Wörter mit Artikel auf:

Lösungen: die Wolle, der Löffel, der Schlüssel, die Tasse, die Pfanne, der Kamm, die Butter, das Buch (x), die Ratte, der Teller, das Schiff, die Sonne

| Name: | **Dopplung** | KV 30 |
|---|---|---|

# Nicht bei allen doppeln

Hier haben sich zwei Wörter mit langem Selbstlaut versteckt:

| | | | | | | | | |
|---|---|---|---|---|---|---|---|---|
| Kette | Ast | Wolke | Schlitten | Kessel | Kette | Katze | Wand | Lust |
| rennen | retten | wenden | rasen | stecken | passen | fallen | rosten | |
| dick | wild | matt | blass | satt | rund | schlimm | flott | blöd |

*ck* und *tz* sind auch Doppelungen, sie bekommen nur eine Farbe.

1. Sprich alle Wörter übertrieben lang und übertrieben kurz aus: *Keeete oder Ketttte?* – kurz, also kommt ein Punkt unter das kurze ẹ. Ein langer Selbstlaut wird durch einen Strich markiert, z. B. a̲.
2. Streiche dann die beiden Wörter mit langem Selbstlaut durch (Bleistift)!
3. Färbe die Dopplungswörter an der Dopplungsstelle mit **einer** Farbe: re nn en
4. Färbe bei den anderen Wörtern die beiden **verschiedenen** Buchstaben nach dem Selbstlautbuchstaben mit **verschiedenen** Farben: A s t

5. Schreibe alle Dopplungswörter ab, auch die *besonderen*! Es sind 16.
6. Beschrifte die Bilder :

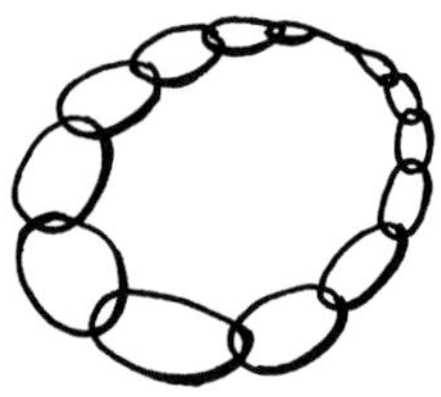

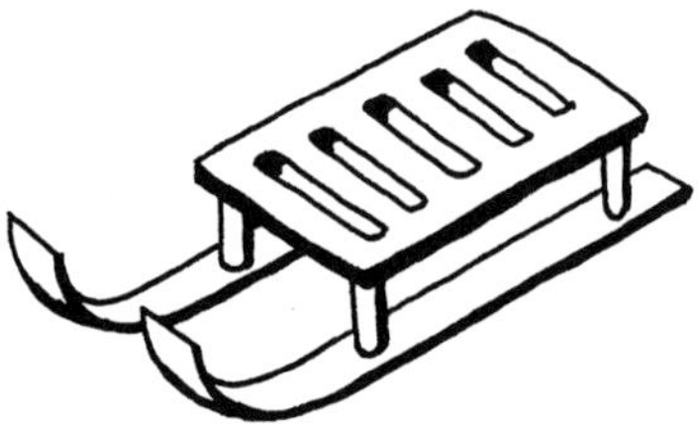

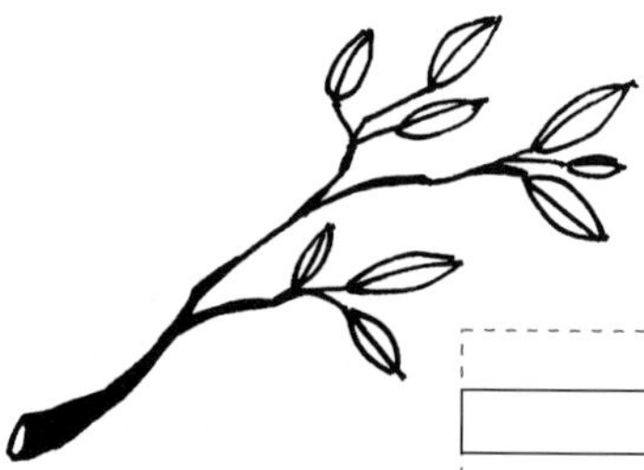

## 7.2.5 Dehnungs-*h*

**Thema der Klassen 3–4**

### Sachanalyse

Die Hauptschreibungen für Langvokale sind einfache Vokalbuchstaben. So wird /a:/ zu 88 % als <a> wie in *Rad* geschrieben, nur zu 10 % als <ah> in *Rahm* und unter einem Prozent als <aa>. Die *h*-Verschriftungen um Vokallänge anzuzeigen schwanken beträchtlich (*äh* – 34 %, *uh* – 3 %, vgl. RISEL 1997a).
Auch für dieses Rechtschreibphänomen gibt es kontroverse Auffassungen: Die amtliche Regelung nennt im § 6 Bedingungen für Wörter wie *fähig* oder *Kuh*, zählt im § 7 Ausnahmen wie *Geweih* (*h* bei Diphthong [aɪ]) auf und im § 8 Wörter vom Typ *Huhn*.
Bei *fähig* wird die Schreibung des *h* an den „betonten einfachen langen Vokal" gebunden, dem „ein unbetonter kurzer Vokal unmittelbar folgt ... oder folgen kann" (§ 6). Sehen wir uns *fähig* und *Kuh* daraufhin an. Bei *fähig* ist der betonte Vokal /ɛ:/, /ɪ/ ist unbetont und kurz, /ɛ:/ ist auch einfach, denn es ist kein Zwielaut. Mit /ɪ/ folgt der vorgeschriebene unbetonte Vokal direkt. Bei *Kuh* ist nur ein Vokal vorhanden, also muss er betont sein, /u:/ ist ein Einfachvokal, kein Zwielaut. In der Grundform folgt kein weiterer Laut, das Wort endet auf einen Vokal. In der „erweiterten" Form (ebd.) folgt jedoch ein unbetontes „e" (/ə/), also sind die geforderten Voraussetzungen gegeben.
§ 7 ist notwendig, weil Zwielaute eigentlich nicht durch *h* zu markieren sind, sie verhalten sich wie Langvokale und sind ausreichend gekennzeichnet. Die *eih*-Schreibung vertritt unter ein Prozent der Fälle, die Regel ist *ei*.
Die gegenüber der *Kuh*-Wortgruppe umfangreichere Gruppe mit *h*-Schreibung ist mit *Huhn* repräsentiert. Dem Langvokal folgt hier einer der Laute [l], [m], [n], [r] (§ 8, Notation mit phonetischen Klammern wie dort). Diese Laute gehören zu den Nasalen ([m, n]) und zu den Liquiden (Fließlauten; [l, r]). Hier liegt eine unechte Regel vor (vgl. GALLMANN/SITTA 1996 a), denn die Schreibung nach diesen Gegebenheiten wird nur bei „vielen, jedoch nicht in der Mehrzahl der Wörter" (§ 8) umgesetzt. Mit anderen Worten: *malen, Tor, Tür, her, Ton* usw. werden trotz vorliegender Bedingungen nicht durch *h* markiert. Die amtlichen Regeln lenken den Blick nicht auf den Wort(stamm)anfang entsprechender Wörter. Wenn dies geschehen wäre, wäre die Regelhaftigkeit aufgefallen, dass die *h*-Schreibung bei Langvokal vor *l, m, n, r* dann wahrscheinlich ist, wenn der Wort(stamm)anfang aus einem oder keinem Konsonantenbuchstaben besteht: also *Bahn und wahr*, aber *Schwan* und *klar*. *Pfahl, Stahl, Stuhl, stehlen* und wenige weitere Wörter sind ebenso Ausnahmen wie die *malen*-Gruppe, die eigentlich mit *h* geschrieben werden müsste.

Andere wissenschaftliche Erklärungen finden sich bei EISENBERG im Grammatik-Duden (1998, S. 67 und 69). Er unterscheidet das *h* vor *l, m, n, r* vom *h* am Silbenanfang. Im ersten Fall helfe das *h* beim Lesen als Längenhinweis (es gebe häufig Silben-Endränder mit diesen vier Lauten, die aber von weiteren Lauten gefolgt würden und damit eine Vokalkürze anzeigten: *Furcht* oder *Feld*). Das silbeninitiale *h* gebe visuelle Prägnanz (vgl. ebd. S. 69). Wir orientieren uns bei den didaktischen Vorschlägen dagegen an einer morphembezogenen Erklärung des „stummen" *h*.

### Didaktischer Kommentar

Die Kompliziertheit der *h*-Verwendung (sicher auch die fehlende didaktische Strukturierung durch Lehrwerke und Lehrkräfte) schlägt sich in deutlichen Fehlerzahlen nieder: In Klasse 4 sind es rund 5,7 % (vgl. RISEL 1997a), REUTER (2002) gibt 6,7 % für Klasse 3 an, wobei mehrheitlich das *h* fehlt, nicht zu viel gesetzt wird. Vogt (2002) kommt auf 7,1 % in den Klassen 3 und 4, entgegen anderen Befunden dominieren in ihrer Erhebung Fehler wie **sahsen*. Für die Sekundarstufe verzeichnet Piirainen 1981 für drei fünfte Klassen 5, 8 %, RIEHME/HEIDRICH 1970 ebd. 4 % und für die Klassen 2 bis 10 MENZEL 4,8 %.
Wegen der relativ komplizierten Regelungen sehen viele als didaktische Antwort einen Grundwortschatz-Zugang. Das bedeutet, dass als häufig eingeschätzte *h*-Wörter vielfältig geschrieben, in Lückentexte eingesetzt, nach dem Alphabet oder der Wortart geordnet werden u.a.m. Dies schließt nicht aus, dass die Rechtschreibbesonderheit benannt, lautlich reflektiert und in ihrem Ausnahmestatus erkannt werden soll. Selten wird jedoch eine Hypothesenbildung der Kinder gestützt, wie dies nachfolgend vorgeschlagen wird. Höchst problematisch ist es, *Kü - he* naiv hörbar machen zu wollen. – Der Lernstoff ist am Ende der Grundschulzeit anzusiedeln, ab Ende der Klasse 3. Dies legen auch Erhebungen MAYS (1993) nahe, allerdings muss die bisher oft unzureichende unterrichtliche Vermittlung in die Tatsache eingerechnet werden, dass das Dehnungs-*h* erst spät gelernt wird.

### Vorgehensweisen

Wird mit einer Textverfremdung z. B. durch Weglassen von *ah* usw. gearbeitet, dann lässt sich die jeweilige Lautung als „lang" oder „langsam" reflektieren. Auch andere kindersprachliche Etikettierungen sollten akzeptiert werden, wenn sie in die richtige Richtung gehen.
Vorbereitete Wortkärtchen mit *h*-Wörtern können sortiert werden, so dass sich eine Gruppe wie *früh, froh, fröhlich, Schuh, Zeh* ergibt, eine weitere wie *lahm, Zahn, wahr, Zahl* usw.

Dazwischen eingestreut zeigt ein Wort wie *Blatt*, dass nur bei langen Vokalen überhaupt ein *h* stehen darf. Die erstgenannten Wortgruppen können nun weiter charakterisiert werden: *früh* und andere enden auf einen langen Selbstlaut, dies gilt auch, wenn ein Wortbaustein folgt *(fröhlich, Frühling)*. Bei den Wörtern der zweiten Gruppe können die Kinder die Buchstaben *l, m, n, r* färben. Es folgt eine Übungsphase, bei der die *h*-Wörter geschrieben werden. In einer Folgestunde kann das Sortieren wiederholt werden, allerdings werden nun *Schwan, klar* und *Schule* eingestreut, ebenso *Ohr* und *Uhr*. Jetzt wird auch der Anfangsrand einbezogen, der nur aus einem oder keinem Mitlautbuchstaben – nicht -graphem! – bestehen darf. Auch hier können die Kinder die Zahlen zu den Anfangsbuchstaben schreiben, *Ohr* und *Uhr* bekommen vor *O* und *U* eine 0. In Klasse 4 sollten die Kinder die Regelung wiederholen. Die schwierige Erklärung für das Phänomen kann besonders in Zweifelsfällen herangezogen werden, für eine Schreibentscheidung „bei laufendem Motor“ in Aufsatz und Diktat ist sie etwas sperrig.

| Name: | **Dehnungs-*h*** | KV 31 |
| --- | --- | --- |

# Familie Bauer sieht fern

Katharina: „S ☐ t euch das an, eine fr ☐ liche K ☐ macht Werbung für Käse!“

Moritz ruft: „Dr ☐ den Ton bitte leiser!“

Vater bittet: „St ☐ doch mal auf und hol uns etwas zum Knabbern.“

Mutter: „G ☐ nicht zu n ☐ an den Apparat!“

Katharina: „Ich will endlich in R ☐ e ferns ☐ en.“

1. Was spricht Familie Bauer beim Fernsehen?
2. Wie werden die Stellen mit ☐ gesprochen? ______
3. Setze die fehlenden Buchstaben in die Kästen ein!
4. Schreibe auf, was die Familie beim Fernsehen spricht und markiere die lang gesprochenen Stellen so: **Seht euch ...**

______

______

______

______

______

# Auch hier fehlt etwas

dr___en, st___en, s___en, g___en, w___en, die Z___en, r___ig, Sch___e, bl___en, fr___, gl___en, M___e, K___e, Fl___, Str___, r___

5. In jeder Zeile fehlen die Buchstaben für den langen Selbstlaut. Ergänze.
6. Wie können lange Selbstlaute noch aufgeschrieben werden? Notiere Beispiele:

______

| Name: | **Dehnungs-*h*** | KV 32 |
|---|---|---|

# Wird das *h* gesprochen?

… dann habe ich die Schraube zugedr<u>et</u>.
… später f<u>u</u>ren wir mit dem Zug.
… ich zo<u>hg</u> an dem Seil und deshalb …

(1.) Welche Fehler sind passiert? Erkläre.

(2.) Wie oft kommen bei dir **h**-Fehler vor (kreuze an)?

O nie O selten O manchmal O oft

(3.) Wann steht das **h**? Meine Vermutung:

## 1. Fall

zäh
Schuh
dreh|en

Ein **h** wird geschrieben, wenn das Wort oder der Wortstamm auf ______ endet.

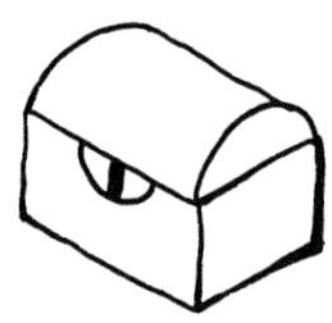

(4.) Schreibe die gesuchten Wörter auf und kennzeichne die Buchstaben für den langen Selbstlaut so: der Sch<u>uh</u>, …

## 2. Fall

w oh l
f eh l en
z ah m
S oh n
w oh n en
L eh r er
eh r lich

(5.) Welche Buchstaben folgen auf den langen Selbstlaut?

(6.) Wie viele Buchstaben stehen vorn?

(7.) Beschrifte die Bilder!

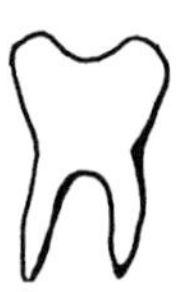
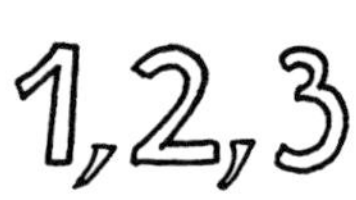

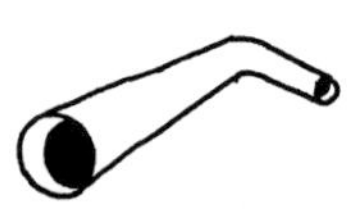

## 7.2.6 Wörter mit *-ig/-lich*

**Thema der Klassen 3–4**

### Sachanalyse

Im § 24 der amtlichen Regelung findet sich die Konvention, dass Wörter wie *eklig, ewig* oder *König* trotz *ich*-Artikulation [ç] im Wortausgang mit *g* geschrieben werden. In der „Langform" wird das /g/ jeweils wieder hörbar: *ewige* usw. Meist ist das Adjektivsuffix davon betroffen, bei *Honig* und *König* liegen jedoch keine Wortbausteine vor. Das Phänomen wird *g*-Spirantisierung deswegen genannt, weil aus einem Verschlusslaut /g/ ein Reibelaut (Spirant, Frikativ) [ç] wird. Dialektale Artikulationen am Wortausgang wie [k] bei *König,* also Auslautverhärtung statt *g*-Spirantisierung, komplizieren das Unterrichten. Ebenso gibt es im süddeutschen Sprachraum auch Langformen wie *ewige* mit [ç]-Aussprache des *g*.

### Didaktischer Kommentar

Fehler zu dieser Thematik fallen kaum ins Gewicht. In einer dritten Klasse tauchten bei einem Diktat und einem Aufsatz nur zwei Fehlschreibungen auf (**traurich*, vgl. REUTER 2002). Eine weitere Erhebung mit größerer Datenbasis bei Diktaten bestätigt diese Feststellung: knapp 0,5 % in Klasse 3 und 4 (vgl. VOGT 2002). In der Diktiersituation sind Lehrkräfte manchmal im Konflikt, ob sie schriftsprachnah oder normgerecht artikulieren sollen, denn Kinder schreiben oft naiv nach Gehör. Die Verlängerungsprobe kann durch einen Prototypen als Klassenaushang verankert werden: *blutig*, *weil blutige*.

### Vorgehensweisen

Das Schreibproblem wird – etwa vor einem Diktat – angesprochen. Eine Sprechblase mit *ich* kontrastiert zur *ig*-Schreibung. An *ig*-Wörtern werden Verlängerungsproben durchgeführt, später sollten *lich*-Wörter eingestreut werden, um den Unterschied zu sehen bzw. zu hören.
Die ⇒ Kopiervorlage 33 präsentiert die Rechtschreibschwierigkeit über eine Phänomenhäufung, regt dann die Reflexion der Artikulation an und führt schließlich zur Verlängerungsprobe. Diese soll bei verschiedenen Wörtern angewandt werden.

| Name: | **Wörter mit *-ig/-lich*** | KV 33 |
|---|---|---|

# Gespenster streiten

1. Weshalb könnten sich die Gespenster streiten?

2. Wie sprichst du die Adjektive des Gespenstes auf der linken Seite am Ende aus?

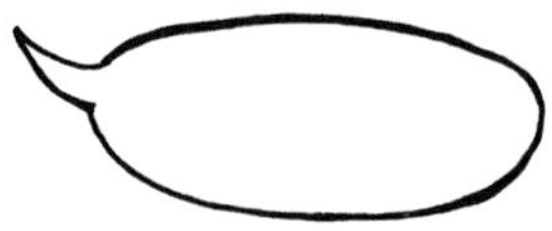

3. Welcher Schreibfehler kann passieren?

4. Ordne die Wörter des Gespenstes auf der linken Seite passend in die Lücken:

die __________ Suppe,

ein __________ Gespenst,

ein __________ Kleidungsstück,

das __________ Deutschheft

5. Prüfe die Endung durch Verlängern und schreibe nur die **ig**-Wörter auf!

| | |
|---|---|
| ekli♦ | friedl♦ |
| freundli♦ | übli♦ |
| fleiβi♦ | ängstli♦ |
| neugieri♦ | eifri♦ |
| glückli♦ | bergi♦ |
| mögli♦ | steini♦ |
| gefährli♦ | salzi♦ |

## 7.2.7 Auslautverhärtung

**Thema der Klassen 2–3**

### Sachanalyse

Die Entstimmung stimmloser „Obstruenten“ („Hindernislaute“ als Oberbegriff für Plosive und Frikative: /b/, /d/, /g/; /v/, /z/) wird als Auslautverhärtung bezeichnet, wenn das Silbenende auf das Ende eines Wortes oder Wortbausteines fällt (vgl. §23 der amtlichen Regelung). Die Entstimmung schreitet vom Wortende zurück ins Wortinnere, so dass etwa bei *Obst* standardsprachlich ein [p] gesprochen wird. Typisch sind Wörter wie *Hund, Berg* oder *Sieb,* auch *Gras* und *brav.* Dasselbe Phänomen tritt bei komplexen Wörtern auch im Wortinnern auf. Dann wird es immer noch als Auslautverhärtung bezeichnet, denn es handelt sich immer noch um den Silbenauslaut, der zur Entstimmung führt: *täglich* [k]. Hier wird auch von Kontaktverhärtung gesprochen im Gegensatz zum absoluten Auslaut wie bei *Tag.* Gegenüber der Entstimmung im Gesprochenen bleibt das Geschriebene konstant (Stammkonstanz; morphematisches Prinzip). Dies war im Mittelhochdeutschen nicht so. Auch im Türkischen findet sich eine gegenläufige Tendenz: *Ahmet, Kebap.* – Gerät der entstimmte Laut in den Silbenanfang (*Ta-ge*), so wird er wieder stimmhaft. In Süddeutschland und in der Schweiz wird die Auslautverhärtung häufig nicht vollzogen, z. B. [mɪld].

### Didaktischer Kommentar

Die Auslautverhärtung dokumentiert sich insbesondere zu Beginn der Grundschulzeit in Schreibungen wie *kint, berk, Apfall* oder auch *unt.* Während sich die naive, an der Artikulation orientierte Schreibung von grammatischen Wörtern wie *ab, ob* o. Ä. relativ schnell verliert, schreiben auch noch schwächere Kinder am Ende der Grundschule und in der Sekundarstufe, wie sie am Stamm- bzw. Wortende sprechen (in Klasse 4: 2,5 % der Fehler, vgl. RISEL 1995, Sekundarstufe 1,2 %, vgl. RIEHME/HEIDRICH 1970 nach PIIRAINEN 1981).

Die Verlängerungsprobe findet sich als Verfahren, zur richtigen Schreibentscheidung zu kommen, in sehr vielen Sprachbüchern, auch bei regelarmen. Wichtig ist es, den Kindern nicht beliebiges Verlängern zu empfehlen. Es muss stets ein Selbstlaut folgen *(Berg – bergig),* die Orientierung auf „e“ ist meist ausreichend. In diesem Fall kann ein Modellwort „Hund, weil Hunde“ Grundlage für Analogiebildung sein. Das *d* wird jeweils farbig markiert. Ein kleines Plakat sollte in Klasse 2 und 3 als Aushang im Klassenzimmer präsent sein. Ist der Sachverhalt zunächst ins Bewusstsein gerückt und haben die Kinder einige Verlängerungen im Unterrichtsgespräch vorgenommen, dann sollten sie selbstständig weitere Verlängerungen bei *wil**?**, Wel**?*** und weiteren Wörtern vornehmen. Um das Rateverhalten einzudämmen muss jeweils die verlängerte Form dazugeschrieben werden.

### Vorgehensweisen

Vorrangig ist das Bewusstmachen der Erscheinung: Wie klingt *Berg* am Ende? Wie *g* oder wie *k*? – Den Kindern muss klar gemacht werden, dass dies kein individueller Fehler ist, sondern der standardsprachlichen Norm entspricht. Bei pauschaler Aufgabenstellung („Sprecht die Wörter deutlich“) werden Kinder mit lautlicher Bewusstheit selbst auf das Problem stoßen, schwächere wird man eher auf die „Stolperstelle“ im Wort hinweisen müssen. Möglich ist auch ein „weicher“ Stundeneinstieg: Ein Kobold hat mit einem großen Pinsel die Wortenden in einem kleinen Text „verkleckst“. Die Kinder sollen herausbekommen, wie das Wortende (auch das Wortinnere von *sor**?**fältig* etwa) richtig lautet. Auf keinen Fall sollten aber „gefährdete“ Wörter gedrillt werden ohne diese zu sprechen. Am Stundenbeginn sind durchaus auch fiktive oder reale Fehlschreibungen als Reflexionsanlass geeignet. Die „abweichende“ Lautung kann wieder durch eine Sprechblase verdeutlicht werden.

| Name: | **Auslautverhärtung** | KV 34 |
|---|---|---|

# Genau gehört und doch falsch

Jenny wundert sich: Sie hat die Wörter sehr genau gesprochen.
Sie hat genau gehört, wie sie klingen.
Und doch hat ihr Frau Walz zwei Fehler im Heft angestrichen:
*Er bleipt da.* |ı *Sie lekt die Beine hoch.* |ı

1. Hat Jenny richtig gesprochen und gehört?
Schreibe die richtigen Buchstaben dazu!

run t/d? => run**de** Blätter
Fahrra t/d? => Fahrrä**der**
sor k/g fältig? => sor**gen**,
flink/g? => flin**ker**

2. Erkläre deinem Partner, wie man herausfinden kann, ob **d** oder **t** stimmt.

# Zum Üben

*g* oder *k* : Ber**g**, weil Ber**g**e — bewe_lich, ______

beleidi_t – ______ — gefra_t – ______

*d* oder *t* : Hun**d**, weil Hun**d**e — gespann_ – ______

Pfer_ – ______; es wir_ schön – ______

*b* oder *p* : Gra**b**, weil ______; Kal_ – ______

gel_ – ______ — schrei_t – ______

3. Verlängere in jedem Fall, schreibe dann auf!

Für Schnelle: Schreibt ein Plakat für das Klassenzimmer: Kin**d**, weil Kin**der**

Beim Verlängern muss stets ein Selbstlaut folgen,
z. B. ein „e“.

# 7.3 Phänomene der Wort- und Satzebene

Nicht mit lautlichen oder Wortbausteinbezügen sind Rechtschreibfälle erklärbar, die auf der Wort- und Satzebene geregelt sind. Es wird vom lexikalischen und vom syntaktischen Prinzip gesprochen, auch zusammenfassend vom grammatischen Prinzip. Das textuale Prinzip zeigt sich beim Rechtschreiben in der Großschreibung von Überschriften und dem Fehlen von Punkten in der Überschrift (vgl. NERIUS ET AL. 1989). Weil Kinder diese beiden Normen recht früh erlernen, wird hier nicht weiter darauf eingegangen.

## 7.3.1 Groß- und Kleinschreibung

**Thema der Klassen 1–4**

### Sachanalyse

Im Deutschen ist die Kleinschreibung der Wörter der Normalfall. Die Großschreibung erstreckt sich auf Überschriften, den Satzanfang und auf die Wortart Nomen inklusive der Substantivierungen *(das Schreiben, dieses Grün)*. Besonderheiten wie die Höflichkeitsgroßschreibung im Brief *(Ihre Nachricht vom ...)*, die Schreibung freistehender Zeilen im Brief oder Ausnahmen wie *die vielen, die meisten, die einen* und *die anderen* müssen von den Lehrenden beherrscht werden, sind für Grundschulkinder aber kein Lerngegenstand. Wissenschaftliche Kontroversen gibt es neben der Strittigkeit von Satz-Definitionen besonders bei der Bestimmung von Nomen (vgl. BREMERICH-VOS 1996; RÖBER-SIEKMEYER 1999). Deren Identifizierung kann semantisch, morphologisch und syntaktisch erfolgen. Semantische Identifizierung findet dann statt, wenn gefragt wird, welche Bedeutung der Wortart Nomen im Allgemeinen zukommt. Die bekannten Merksätze „... Namen für Mensch, Tier, Pflanze, Ding" zeigen diesen Zugang für Konkreta in der Grundschule. Da auch Abstrakta eine semantische Teilklasse der Nomen darstellen, findet sich manchmal auch die Erweiterung „... Gefühle und Gedachtes". Die morphologische Identifizierung kann auf zweierlei Weise betrachtet werden. Einmal können Nomen in ihrer Form verändert werden, sie können meist den Plural bilden und in verschiedene Kasus gesetzt werden (*der Wind, die Winde; des Windes, den Winden* usw.). Auf Ausnahmen wie die nur im Singular oder nur im Plural stehenden Nomen sei hier nur pauschal verwiesen *(der Zucker; die Masern)*.

Die zweite morphologische Probe ist die Ableseprobe: Weist ein Wort am Ende (ohne Flexionsbaustein) die Suffixe *ung, heit, keit, nis* (auch *schaft, tum, er* oder *in*) auf, so ist es ein Nomen.

Der dritte Zugang ist die Frage, wie sich die Wortart zusammen mit anderen Wörtern und Wortarten im Satz verhält. Hier ist das Nomen „schillernd", es ist als Kern von Nominalgruppen Subjekt, Objekt, Prädikativ, Attribut oder Adverbial. Aber zwei dominierende Eigenschaften lassen sich gut heranziehen: die Artikelfähigkeit und die Attribuierbarkeit durch Adjektive (*das langsame Fahren ...*; vgl. zu Letzterem auch die amtliche Regelung, § 57). Ganz auf die syntaktische Funktion, nämlich Kern einer erweiterbaren Nominalgruppe („Nominalphrase") zu sein, setzt in Anlehnung an MAAS/RÖBER-SIEKMEYER (1999) auch NÜNKE/WILHELMUS (2002).

Die Proben sollten im strittigen Einzelfall mehrfach angewandt werden, weil sehr viele deutsche Wörter durch *der, die, das* substantiviert werden können. Außerdem sind die Abstrakta *(Gedachtes)* etwas sperrig. Daher wird unten eine mehrdimensionale Wortartenbestimmung vorgeschlagen.

### Didaktischer Kommentar

Die Großschreibung der Nomen ist die Fehlerquelle Nummer eins, wenn man von den Zeichensetzungsfehlern in der Sekundarstufe absieht. Die Werte schwanken je nach Erhebung. Am Ende der Grundschule fallen etwa 25 bis 30 % in diese Kategorie (vgl. RISEL 1995; REUTER 2002 für Kl. 3: 26,4, VOGT 2002 für Kl. 3/4: 18,2 %). Mehrheitlich wird die Großschreibung nicht realisiert. Für den gesamten Fehlerbereich bleibt der prozentuale Anteil relativ gleichmäßig hoch, denn mit zunehmendem Lernalter treten neue Schwierigkeiten auf. In Klasse 4 ist dies die häufig falsch geschriebene Wortgruppe aus Artikel, Adjektivattribut und Nomen: *das neue Fahrrad.* Schwächere Kinder verkennen die „Fernwirkung" des Artikels und schreiben sofort nach dem Artikel groß. Ende Klasse 3 und in 4 kann deshalb eine Modellwort-Folge die Fehlerverlockung bei Adjektivattributen bewusst machen:

das neue Fahrrad

Durch die recht einseitige Fixierung auf die *der-die-das*-Probe geraten zudem die anderen Artikelwörter aus dem Blick: *ein, eine;* die Demonstrativpronomen in Artikelfunktion *dieser, diese, dieses; alle, kein, etwas* als Indefinitpronomen, schließlich die Possessivpronomen *mein, dein* usw. Wichtig ist zudem die Erkenntnis, dass Artikelwörter flektiert vorkommen können: *den, des ...* Am Ende der Grundschulzeit und besonders ab der Orientierungsstufe treten Nominalisierungen und schwierige Zeitadverbien *(abends)* oder Präpositionen auf *(dank seiner Hilfe)*.

Von Fehlschreibungen sind oft auch Abstrakta betroffen, da für Kinder Konkreta die Prototypen von Nomen sind. Wenn sie beispielweise gebeten werden, fünf beliebige Nomen zu nennen, kommen meist Antworten wie *Tisch, Maus* usw.

Ein Lösungsablauf, wie er unten gezeigt wird, besteht für Klasse 2 und 3 aus der semantischen und der syntaktischen Überprüfung. Bei schwächeren Kindern hat sich allerdings erwiesen, dass die Oberbegriffe „Ding" oder „Gegenstand" zu abstrakt sind (vgl. Kiefer 2002). Für diese Oberbegriffe (auch „Lebewesen") muss zuerst eine „Füllung" erarbeitet werden. Zuordnungsaufgaben, bevor die Rechtschreibung angesprochen wird, sollten mittels Bildern oder Wortkärtchen klären, ob *Kaktus* ein Tier, eine Pflanze oder ein Ding ist, dass *Stuhl, Tisch, Regal* Möbel sind usw.

Übersehen wird für den Anfangsunterricht gern die Satzanfangsgroßschreibung als Gliederungssignal und Lesehilfe. Die Fehlerquoten schwanken zwischen 2, 1 % (Menzel 1995), 2,2 % (Risel 1995 für Klasse 4) und 8, 2 % (Reuter 2002 für Klasse 3). Die wörtliche Rede liefert hier einen deutlichen Anteil der Fehler. Für Kinder ist es durchaus nicht selbstverständlich, mit dem Begriff „Satz" angemessen umzugehen. Valtin (vgl.1987, S. 233) fand heraus, dass Kinder im Anfangsunterricht Wort und Satz verwechselten. Eine Möglichkeit, einen Satzbegriff zu entwickeln, ist die Vorgabe von unvollständigen Sätzen („Satzbrocken", vgl. Risel 1998), denen das Subjekt oder das Prädikat fehlt. Helfen kann bei „unkontrolliertem Satzfortlauf", Bandwurm-Sätzen, die Frage, wie lang denn ein Satz sein sollte, damit ihn andere gut verstehen können. An einem Satzpaar, das lediglich in der Interpunktion Unterschiede aufweist, können Kinder entdecken, dass der Punkt für das Auge ein Ruhepunkt sein kann, der das Lesen erleichtert.

## Vorgehensweisen

Nach situativen Erklärungen in Klasse 1 kann man die Kinder in Klasse 2 nach ihren Hypothesen fragen, weshalb denn manche Wörter großgeschrieben werden. Diese Hypothesen können an vorbereiteten Wortgruppen überprüft werden, die jeweils groß- bzw. kleingeschrieben werden:

| | | | | | | |
|---|---|---|---|---|---|---|
| Vater, Lehrerin | Zebra, Hund | Gras, Sonnenblume | Heft, Radierer | mit | die | |
| | | | | viel | ohne | gut |

Die Kinder können herausfinden, was die großgeschriebenen Wörter gemeinsam haben. Sie werden die Artikel nennen und die Zugehörigkeit zu einer semantischen Teilklasse wie Mensch. Kindersprachliche Annäherungen sind erwünscht. Ein Merksatz, der richtige Kinderantworten enthält, fixiert die Erkenntnisse. Die Kinder sortieren anschließend Wortkärtchen, die auf der Vorderseite nur mit Großbuchstaben versehen sind, laut denkend und unter Abprüfen der Kriterien in einen Nomen-Korb an der Tafel oder in einen mit der Aufschrift „kein Nomen" (die Vor- oder Nachteile der lateinischen Terminologie können an dieser Stelle nicht abgewogen werden):

Die Kinder prüfen danach für sich den Nomenstatus der Wörter und schreiben diese auf. In Klasse 3 und 4 sollten die Prüfstationen um „Gefühle und Gedachtes" erweitert werden: *Wut* oder *Freude* sind keine Nomen für Menschen usw. Wichtig ist das Vermeiden nur eines Zugangs, mindestens zwei Verfahren müssen – von extrem häufigen Wörtern abgesehen – benutzt werden. Dies ist für Kinder nicht leicht, die gewohnt sind, häufiger zu raten und keine Regeln anzuwenden. Weitere Übungsmöglichkeiten sind die Arbeit mit Texten komplett in Großbuchstaben oder in Kleinbuchstaben, ebenso Texte mit Lücken an einigen Wortanfängen, wo die Schreibalternativen danebenstehen. Ein probates Mittel der Übung sind Erstbuchstabendiktate. Die Kinder schreiben nur die ersten Buchstaben der diktierten Wörter, um sich ganz auf die Hauptfehlerquelle zu konzentrieren. Beim Besprechen an der Tafel werden die Begründungen für die Großschreibung in Kurzform in einer Zeile über dem Geschriebenen festgehalten: *Satzanfang* oder *Nomen*. Ein Beispiel:

Name                    Nomen, Mensch          Nomen, Ding          Satzanfang

M(ichael) sch(enkte) s(einer) N(ichte) ei(n) g(roßes) P(uzzle).   Es...

Möglich ist die vereinfachende Vorgabe eines Textes, bei dem die Anfangsbuchstaben fehlen, so dass sich die Kinder beim Diktieren schneller zurecht finden.

Die ⇒ Kopiervorlagen 35 und 36 spiegeln die obigen Ausführungen. 37 ist eine Übungsmöglichkeit für Klasse 3 oder 4, die den historischen Aspekt der Großschreibung einbezieht, nämlich die subjektive Großschreibung von Bedeutsamem oder von religiös Wichtigem.

| Name: | Großschreibung | KV 35 |
|---|---|---|

# Wem macht die Großschreibung Sorgen?

o Ich weiß **meistens**, ob ein Wort großgeschrieben wird.

o Ich bin **manchmal unsicher**, ob ein Wort großgeschrieben wird.

o Ich weiß oft **nicht**, ob ein Wort großgeschrieben wird.

(1.) Was stimmt bei dir. Mache dort ein Kreuz!

(2.) Was haben die vier Wortgruppen gemeinsam?
Beschrifte richtig mit *Ding, Tier, Pflanze, Mensch; kleine, große.*

| ______ | ______ | ______ | ______ | | | |
|---|---|---|---|---|---|---|
| Mutter | Fisch | Birke | Papier | ohne | bei | weil |
| Freund | Amsel | Blume | Holz | die | und | schnell |
| Mann | Giraffe | Zwiebel | Bleistift | für | klein | nur |

Nomen,

also ______ Anfangsbuchstaben

k e i n e Nomen, also

______

Anfangsbuchstaben

(3.) Verbinde mit dem richtigen Karton:

**GELESEN** **LEHRER** **DESHALB** **ABER** **ZITRONE**

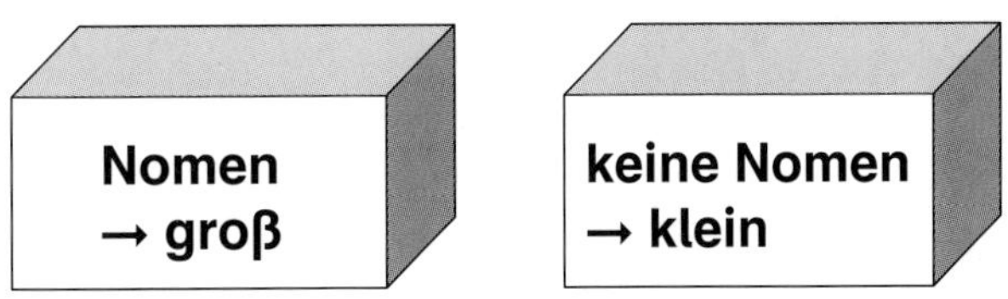


**NEU** **SPIELER** **LANGSAM** **GELD**

(4.) Schreibe die Nomen mit Artikel und mit großen Anfangsbuchstaben auf:

______

______

| Name: | **Großschreibung** | KV 36 |
|---|---|---|

# Welche Wörter werden großgeschrieben?

Es sind Wörter am Satzanfang und ______________________.

______________________ kannst du mit der **Artikelprobe** erkennen: ***der? die? das? Straße***.

Außerdem kannst du prüfen, ob das Wort ein Name

für einen **Menschen** ,

ein **Tier** ,

eine **Pflanze**  oder

ein **Ding** 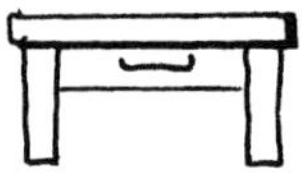 ist.

1. Prüfe, ob diese Wörter Nomen sind:

*KANINCHEN ALT VERWANDTER BILD TÜTE FREUND GRAS UNTER*

2. Schreibe nur die Nomen hier mit großen Anfangsbuchstaben auf:

______________________

______________________

Kevins M/m utter ist noch im Geschäft. Er B/b eschließt, ihr einen L/l eckeren K/k uchen zu machen.
Das hat er von seiner G/g roßmutter gelernt.
Dazu H/h olt er M/m ehl, M/m ilch, Ei/ei er und G/g ewürze.
Er K/k netet alles durch und gibt den T/t eig in eine F/f orm.
Die schiebt er in den H/h eißen O/o fen.
Als Mutter nach Hause kommt, D/d uftet die G/g anze W/w ohnung.

3. Prüfe wieder mit dem Merksatz und streiche die falschen Buchstaben durch.
Schreibe dann den Text richtig in dein Heft. 

# Nur das Wichtige groß?

Am Ende der Ritterzeit schrieben die Leute alle die Wörter mit großen Anfangsbuchstaben, die ihnen **wichtig** erschienen.

1. Welche Nachteile hatte das für Leser?

2. Schreibe auf, welche Wörter heute großgeschrieben werden:

# Aus einem alten Reisebericht

Bey meiner fahrt durch das land sah ich viele Burgen
von reichen Herren. Davor arbeiteten männer, frauen und
kinder auf den feldern. Sie ernteten getreide mit sicheln.
Dann banden sie es zu garben zusammen,
damit es trocknen konnte.
Den zehnten teil der ernte bekam der Burgherr.

3. Schreibe diesen alten Bericht so auf, dass er heute gut gelesen werden kann.

*Bei*

# 7.3.2 Getrennt- und Zusammenschreibung

**Thema der Klassen 3–4**

## Sachanalyse

Die Getrennt- und Zusammenschreibung ist der am schlechtesten geordnete Regelbereich nach der Rechtschreibreform. Es wäre daher wenig Erfolg versprechend, an dieser Stelle eine Übersicht über die Neuregelung geben zu wollen. Daher sollen lediglich einige kurze Hinweise zur Problematik dieses Rechtschreibbereiches aufgeführt werden. Die Regelungen der § 33 bis 39 sind wortartbezogen gegliedert. Der Tendenz nach wird mehr getrennt geschrieben als zuvor, was den Lesenden entgegenkommt, man denke nur an ein Wort wie bisher *beieinanderliegenden.*

Es wird der Anspruch erhoben, Getrenntschreibungen nach grammatischen Kriterien zu entscheiden. So werden unproblematisch Verb und Verb (auch Partizipien) getrennt geschrieben: *sitzen bleiben, gefangen nehmen*, ebenso bis auf einige Ausnahmen Nomen und Verb/Partizip: *Aufsicht führen(d).* Im Bereich der Partikeln, der grammatischen Wortarten Präposition, Konjunktion und Adverb, stellt die Reform eine umfangreiche Liste vom Typ *herabfallen* im § 34 zusammen. Andererseits werden bestimmte Partikeln wie *abwärts (stürzen)* vom Verb getrennt geschrieben. Bei Adjektiven kommen zwei grammatische Proben ins Spiel, die Steigerungsprobe und die Erweiterungsprobe. Gelingen sie, ist der erste Bestandteil einer in Frage stehenden Wortgruppe selbstständig: *hoch steigen* (*hoch* kann gesteigert werden oder erweitert werden: *höher/am höchsten steigen),* aber *krankschreiben* oder *fernsehen.*

Die Betonung, genauer der Wortakzent, wird vom Anspruch her ebenso wenig zur Klärung des Phänomens herangezogen wie die Bedeutung: zwei Akzente – zwei Wörter: *zusámmen láufen – zusámmenlaufen.* Zudem ist die Schreibentscheidung auch an eine Bedeutungsklärung gebunden: Bewegen sich zwei Menschen gemeinsam zu Fuß fort oder fließen zwei Flüssigkeiten zusammen?

## Didaktischer Kommentar

Die Fehlerquoten schwanken auch hier beträchtlich, sie spiegeln aber die Lage vor der Reform wider. Neue Untersuchungen in diesem Bereich sind m.W. noch nicht vorhanden.

Die älteren Erhebungen zeigen den Bereich aber als für die Grundschule bedeutsam auf, wobei sich dies nicht in Lehrplänen niederschlagen muss (vgl. Bildungsplan Baden-Württemberg 1994)! Die Bandbreite der Fehlerwerte schwankt zwischen 4,5 und 9,5% (Riehme/Heidrich 1970: 9,5% für die Sekundarstufe nach Piirainen 1981, Riehme 1987: 5, 1% und Menzel 1985: 7,8% ebenfalls für dieses Lernalter, Risel 1995: 4,5% für Klasse 4 und Reuter 2002: 6,5% für Klasse 3, Vogt 2002 rund 4% in 162 Diktaten einer dritten und einer vierten Klasse). Die falsche Getrenntschreibung überwiegt klar die falsche Zusammenschreibung. Die Auseinanderschreibung von Komposita ist ein Fehlertyp (*warte zimmer, Walt rand*), es gibt aber auch einige silbische Segmentierungen wie *des halb* u.Ä. Andererseits zeigen sich noch Defizite im Wort-Konzept in Schreibungen wie *steigtaus, drängensich* und *kannabernoch* (vgl. Vogt 2002, S. 64).

Auch wenn man die Fehlerquote nach der Reform als gesunken vermuten darf, bleibt das Phänomen grundschulrelevant. Die Betonung ist eine erste Orientierung: Es heißt nicht **Wárte Zímmer*, sondern *Wártezimmer*, nicht *Éltern Bríef*, sondern *Élternbrief.* Die Klangprobe wird objektsprachlich durchgeführt, möglicherweise kann für die Kinder „einmal betonen" oder „zweimal betonen" kommentiert werden. Daneben kann bei Komposita die Flexionsprobe gemacht werden *Waldrand – Stadtrand* (nicht **Wälderrand* oder **Städterand*), aber *der weite Rand.* Umgekehrt zeigt eine Ersatzprobe mit flektiertem Wort die Getrenntschreibung bei *steigt aus – fragt aus.* Lässt sich das erste Wort ersetzen und flektieren, wird getrennt geschrieben.

## Vorgehensweisen

Nachdem die Wortartenkenntnis im Grundschulalter nur ansatzweise vermittelbar ist, sollten Problemschreibungen vor allem situativ aufgegriffen werden. Kinder mit spezifischen Schwierigkeiten können eine individuelle Wortsammlung anlegen.

# 7.3.3 Häufige Fehlerwörter

## Sachanalyse/Didaktischer Kommentar

Aus verschiedenen Erhebungen, insbesondere der Menzel'schen von 1985, sind eine Reihe von fehlergefährdeten Wörtern bekannt, die sich als zu lernende Wörterliste anbieten. Das bedeutet, sie als Ganzes mit ihren rechtschreiblichen Problemstellen, aber auch in ihrer Bedeutung anzusprechen. Es sollten nicht mehr als etwa zehn Wörter in einer Stunde angesprochen werden, sie „sitzen" nur dann, wenn mehrfach und mit zeitlichem Abstand geübt wird. Es handelt sich um diese Wörter:

Wörterliste I: *den (Mann), denn (wir wollen lesen), hat, du hast, hatte, hätte, kommen, kam, zu Hause, herein, heraus, heran, war, wäre, kaputt, dann, auf einmal.*

Erstaunlich ist, dass solche „Allerweltswörter" doch oft falsch geschrieben werden. Andererseits ist dies verständlich, denn *hat* z.B. müsste regelhaft mit doppeltem „t" geschrieben werden. Das kindersprachliche *kaputt* ist dagegen regelhaft, gedoppelt wird nach dem betonten kurzen Vokal, nicht – wie in vielen Fällen – nach dem ersten. *Auf einmal* wird fälschlich zusammengeschrieben (Merkspruch: „Auf einmal schreibt man auf zweimal"), dies gilt auch für *zu Hause* (aber *das Zuhause*). Der Stammvokal von *kamen* ist lang, deshalb wird in der Präteritumform nicht wie im Infinitiv gedoppelt usw.

Wörterliste II: *draußen, außen, außer, meist, trotzdem, ziemlich, ganz, viel, links, rechts, während, vielleicht, ein bisschen, gar nicht(s), plötzlich, nächste, nämlich, schließlich.*

Auch bei dieser zweiten Gruppe, die vorwiegend aus grammatischen Wörtern besteht, lohnt es sich vor dem Üben, darüber nachzudenken, wo das jeweilige Schreibproblem steckt. Bei *draußen* ist es das *ß* oder – je nach Dialekt – der Anlaut, bei *nächste* spricht man /ks/, es kommt von *nach*, deshalb ein *ä* usw. Bei *gar nicht* hilft ein weiterer Lernspruch: „Gar nicht schreibt man gar nicht zusammen" ...

Auf induktivem Weg können die Kinder selbst die schwierigen Stellen an der Tafel und auch individuell im Heft markieren, die Wörter im Selbst-, Partner oder Fremddiktat üben und in Lückensätze einsetzen. Beispiele:

*In der Klasse hat ............... mir niemand rote Haare.*

*Die nächste Arbeit wird .............. schwer.*

*Am liebsten spiele ich ................. im Freien.*

*Ich ziehe jetzt den Stecker ............ .*

*Ich besuche dich ................. Woche.*

*Gestern ..................... zwei Kinder zu spät.*

*Ich suchte, fand aber ........................ nichts.*

*An Mathe bin ich ........................... interessiert.*

*Es klingelte und ........................ ging die Türe auf.*

Lösungen: außer, ganz, draußen, heraus, nächste, kamen, trotzdem, gar nicht, plötzlich

## 7.3.4 Fremdwörter

**Thema der Klassen 4**

### Sachanalyse

Nach Nerius et al. (vgl. 1989, S. 94) können Fremdwörter bestimmt werden als Wörter fremder Herkunft mit Unterschieden in Lautung und Schreibung, im Vorkommen von bestimmten Wortbausteinen und grammatischen Eigenschaften (vgl. auch Duden-Grammatik 1998, S. 583ff. und öfter). Die Abgrenzung zu Lehnwörtern *(Fenster)*, die stärker integriert sind als ein Fremdwort wie *download*, ist problematisch (vgl. ebd., S. 584). „Gebersprachen" sind u.a. Englisch, Französisch, Lateinisch und Griechisch. Vielen weiteren Sprachen sind einzelne „Importe" entnommen: *Gurke* (Polnisch), *Anorak* (Inuit), *Gong* (Malaiisch) usw. Die besonderen Laut-Buchstaben-Beziehung von Fremdwörtern sind in den Paragraphen 20 (Vokale) und 32 (Konsonanten) der amtlichen Regelung aufgeführt. Besondere Bausteine wie -ier(en) oder prä- finden sich in Fleischer/Barz (vgl. 1995, S. 61ff. und öfter). Nach der Reform können die Fremdwörter wie bisher geschrieben werden, *Portemonnaie* muss nicht unbedingt *Portmonee* geschrieben werden usw.
Fremdwortgebrauch hat sehr unterschiedliche Motive, unter anderem das der Sprachökonomie. Mit Fremdwortgebrauch ist aber auch Abgrenzung und Prestigeanspruch verbunden.

### Didaktischer Kommentar

Fremdwörter gehören nicht zum Kernbestand von Lehrplänen und Sprachbüchern für die Grundschule. Dennoch gehen Kinder tagtäglich mit geläufigen Fremdwörtern um. Sie tun dies nicht schlagartig in der Sekundarstufe oder mit dem Erwachsenwerden. Ohne Diskussion verlangen Lehrpläne von ihnen die Benutzung eines mathematischen Fachwortschatzes wie *Division* oder *multiplizieren,* aber auch Termini für das Deutsche wie *Adjektiv.* Ohne Aversionen nennen Grundschulkinder als Saurierexperten Bezeichnungen wie *Triceratops* u. a. m. Für Klasse 4 sollte daher eine begrenzte Anzahl Fremdwörter rechtschriftlich und hinsichtlich ihrer Bedeutung gesichert werden. Der Sprachkontrast ist für die Entwicklung von sprachlicher Bewusstheit zu nutzen: Was gibt es beim Fremdwort, was es im Deutschen nicht gibt, wo sind Stolperstellen im Wort, wenn wir es schreiben? Herkunftssprachen oder auch der problematische Gebrauch von Fremdwörtern (Machtaspekt usw.) sollten ebenso wie Aussprache-Erwartungen erst in der Sekundarstufe reflektiert werden. Wenn die Migrantensprachen wie Türkisch, Russisch und andere eingebracht werden, nimmt man Ausländer- bzw. Aussiedlerkinder in ihrer Identität ernst und sorgt für motivierte Sprachreflexion (vgl. Oomen-Welke 2001).
Riehme (1987, S. 113, 117f.) referiert für die Klassen 5 bis 10 einen Fehleranteil von durchschnittlich 4,3 %, dabei seien aber nicht die „typischen" Stellen im Fremdwort wie *ph* oder *ou* gefährdet, sondern Schreibungen, die auch in deutschen Wörtern häufig sind wie *i/ie* und *b/p* usw. Für Grundschulkinder dürfte der Fehleranteil deutlich geringer sein.
Ein Problem ist die „Vergegenständlichung" der Lautbesonderheiten, denn es verbietet sich, die Grundschulkinder mit Lautschrift zu konfrontieren. Daher müssen bei der Visualisierung annäherungsweise Zuordnungen wie „au" bei *Clown* akzeptiert werden, auch wenn eine authentische Artikulation sich etwas anders anhört.
Situatives Aufgreifen (Thema *Fahrrad* beispielsweise: *Pedal, Ventil, reparieren, elektrisch*) wird mit geplantem Wörterlistentraining verknüpft. Dem Schreiben vorausgehen muss wieder die Bewusstmachung der Schreibbesonderheiten und die inhaltliche Klärung.

### Vorgehensweisen

An zwei Sätzen lässt sich zeigen, dass viele Fremdwörter durchaus üblich, sprachökonomisch, aber auch beim Rechtschreiben schwierig sind.
*Die Luftabsperrvorrichtung an meinem Fahrradreifen ist kaputt. – Das Ventil an meinem Fahrradreifen ist kaputt.*
Sollte die rechtschreibliche Dimension im Unterrichtsgespräch nicht genannt werden, werden die Kinder aufgefordert, den Anlaut zu prüfen.
Die nachfolgende Liste wird nun an der Tafel mit den Fragen präsentiert, was die Wörter bedeuten und wo sich „Stolperstellen" befinden:

W

| | |
|---|---|
| **Ventil** | **elektrisch** |
| **Video** | **Tour** |
| **spazieren** | **Creme/Krem** |
| **reparieren** | **Comic** |
| **interessant** | **Clown** |
| **Plakat** | **Information** |
| **Plastik** | |

Die Schülerinnen und Schüler werden normalerweise Beispielsätze mit den Wörtern bilden, seltener Umschreibungen suchen. Größere Hilfestellungen müssen nicht gegeben werden, denn die Kinder benutzen die Wörter ja auch außerhalb der Schule. Ihre Antworten zur Lautung werden durch vorbereitete Magnetkärtchen mit Sprechblasen festgehalten. Diese ent-halten – für einige der Wörter – folgende Laute bzw. Lautverbindungen: w w schp ts u k k k au ts j.
Zusätzlich werden die Stolperstellen gefärbt, darunter auch solche, die durch saloppe Artikulation sowie abweichende Buchstabenverwendungen gefährdet sind:
*Vent**i**l, Vid**e**o* (kein *i*), *spa**z**ieren* (kein *tz*, verwandtes Wort *space*, vom lat. *spatium*), *rep**a**rieren* (kein *e*), *int**e**re**ss**ant* (*e* wird umgangssprachlich oft weggelassen; Dopplung, obwohl das *e* vor *ss* nicht betont ist), *Pla**k**at* (kein *ck*), *Plasti**k*** (kein *ck*), *ele**k**trisch* (kein *ck*), *T**ou**r* (frz.), ***C**reme* (kein *k*, stummes *e* am Ende), ***C**omi**c*** (kein *k*, keine Dopplung), ***C**l**ow**n* (kein *k*, „au" für *ow*), *Informa**tion*** („ts"- und „j"-Artikulation; weitere Wörter mit *-tion* sammeln: *Aktion, Nation* …).
Mehrfaches Schreiben, auch als Hausaufgabe, Selbst-, Lehrer- und Partnerdiktat festigen die Wörterliste. Als spätere Kontrolle oder Übung fungiert ein Lückentext ⇒ Kopiervorlage 38.
Die Kopiervorlage ruft auch das Vorwissen der Kinder zu Fremdwörtern im Allgemeinen ab.

| Name: | **Fremdwörter** | KV 38 |
|---|---|---|

# Fremde Wörter

1. Welche Fremdwörter kennst du?

_______________________________________________

2. Was ist das Besondere an Fremdwörtern?

_______________________________________________

_______________________________________________

# Lückentext mit wichtigen Fremdwörtern:

a) Unbekannte haben mir am Fahrrad das ____________ abgeschraubt.

b) Michael hat einen Film auf ____________ aufgenommen.

c) Ältere Menschen gehen sonntags oft ____________.

d) Im Urlaub haben wir eine ____________ zu einem Wasserfall gemacht.

e) Vorsicht bei ____________ Strom!

f) Diese ____________ sind für mich ____________.

g) Auf dem Flur hängt ein buntes ____________.

h) Geräte aus ____________ kann man schlecht ____________.

i) Wer liest gerne ____________?

3. Übe die häufigen Fremdwörter und lass sie dir in die Lücken diktieren.

| | | | |
|---|---|---|---|
| Comics | elektrischem | | Informationen |
| interessant | Plakat | Plastik | reparieren |
| spazieren | Tour | Ventil | Video |

# 7.3.5 Satzschlusszeichen

Thema der Klasse 2

## Sachanalyse

Die Satzzeichen sind, so Gallmann/Sitta 1996a, Grenz- und Gliederungssignale. Sie zeigen an, dass eine syntaktische Einheit zu Ende ist, und sie gliedern das Geschriebene für Lesende. Der Normalfall für das Satzschlusszeichen ist der Punkt. Werden besondere Aussageabsichten beim Schreiben angezeigt, so verwenden Schreibende Ausrufezeichen (für Ausrufesätze mit und ohne Adressaten und für nachdrückliche Aufforderungssätze) und das Fragezeichen für Fragesätze. Weniger nachdrückliche Aufforderungen werden nur durch Punkte markiert. Man vergleiche die Arbeitsaufgaben in Sprachbüchern, wo meist weniger rigide Anweisungen erteilt und damit Punkte verwendet werden. Die traditionellen Satzarten werden in neueren Grammatiken mehrdimensional bestimmt.
So geben die Verbstellung (z. B. Entscheidungsfragen mit Verb an erster Stelle ...), der Verbmodus (Imperativ etwa), Einleitewörter, die Intonation (Satzbetonung) und besonders die Aussageabsicht (vgl. Duden-Grammatik 1998, S. 591) entsprechende Hinweise. Bestimmte Partikeln wie *denn (Was ist denn das?)* oder *mal* sind weitere Indikatoren. Die Aussageabsicht zum Beispiel von Fragesätzen kann so umschrieben werden: Dem Sprecher fehlt eine Information, die mittels des Fragesatzes eingeholt werden soll. Die Intonation ist nicht für alle Satzarten gleich, denn es werden auch noch innerhalb der Sätze einzelne Wörter besonders betont. Dennoch kann die Betonung von Aussagesätzen als wenig nachdrücklich, neutral und am Ende sinkend charakterisiert werden. Bei Fragesätzen hebt sich die Stimme am Ende oft und bei Aufforderungssätzen finden sich Nachdrücklichkeit und Senkung am Ende (vgl. ebd., S. 590ff.).

## Didaktischer Kommentar

Für die Grundschule werden Satzschlusszeichen-Fehler bei Erhebungen bislang kaum beachtet. Im Mittelpunkt stehen andere Rechtschreibbereiche. Gorschlüter, geb. Afflerbach (2002) betont, dass die Verwendung von Satzschlusszeichen der Kommasetzung vorausgehe (vgl. umfassender Afflerbach 1997). Sie zeigt Fälle unterschiedlicher Kompetenz bei Zweitklässlern: Manche Kinder setzen nur am Textende und zur Inhaltsgliederung im Textinneren einen Punkt, manche markieren schon jedes Satzende. Hypothesen über noch frühere Stadien der Satzschlussmarkierung stammen von Maas (1992, S. 52f.). Er beobachtete Blöcke und Absatzbildungen als erste Gliederungsstufe, dann Leerstellen nach Pausen und Betonungs-bögen, die grammatische Dimension komme erst als dritte Stufe der Entwicklung hinzu.
Sprachbücher bringen zu den Satzzeichen teilweise Merksätze, die wenig aussagekräftig sind. Viele Werke verzichten sowohl auf die stützende Funktion der Satzbetonung als auch auf die kindgemäße Umschreibung der Aussageabsicht. Damit bleiben nur formale Informationsreste übrig, die mehrkanaliges Lernen nicht fördern: *Nach Fragesätzen steht ein Fragezeichen* o. Ä. Die Intonation sollte visualisiert werden, z.B. durch die Verwendung von Pfeilen.
In Klasse 2 sollten die drei Satzarten hinsichtlich ihrer Aussageabsicht vermittelt werden:

- Wenn wir etwas wissen wollen, verwenden wir Fragesätze (Fragezeichen).
- Wenn wir wollen, dass jemand etwas tut, verwenden wir Aufforderungssätze (Ausrufezeichen bei Nachdruck, sonst Punkt).
- Wenn wir etwas mitteilen oder erzählen wollen, verwenden wir Aussagesätze (Punkt).

Aussagesätze sind am schwierigsten zu umschreiben, die Abgrenzung zu den beiden anderen Satzarten macht dies einfacher. Die Erklärungen für die Kinder sind vereinfachend und nicht ganz zutreffend, denn Fragen können auch durch Aussagesätze mit bestimmter Betonung geäußert werden usw. Außerdem besteht die Gefahr von Ähnlichkeitshemmungen wegen der identischen Wortanfänge (Aus- bzw. Auf-). Auch Zweitklässler können schon beschreiben, dass Unterschiede zwischen den Satzarten zu hören sind.

## Vorgehensweisen

In Klasse 3 oder 4 kann zur Wiederholung der Satzarten ein Satz wie *Er kommt jetzt* ohne Satzzeichen an die Tafel geschrieben werden mit der Behauptung, es stünden drei Sätze da. Die Kinder überlegen und sprechen das Geschriebene dabei nach. Wenn kein Kind auf die Satzarten kommt, werden im Unterrichtsgespräch magnetisierte Satzzeichen zugeordnet sowie die auf Kärtchen befindlichen Betonungskurven und schließlich die Bezeichnungen für die Satzarten. Die Kinder sollen für alle drei Sätze nun Verwendungszusammenhänge nennen. Das Tafelbild kann so aussehen (⇒ Kopiervorlage 39):

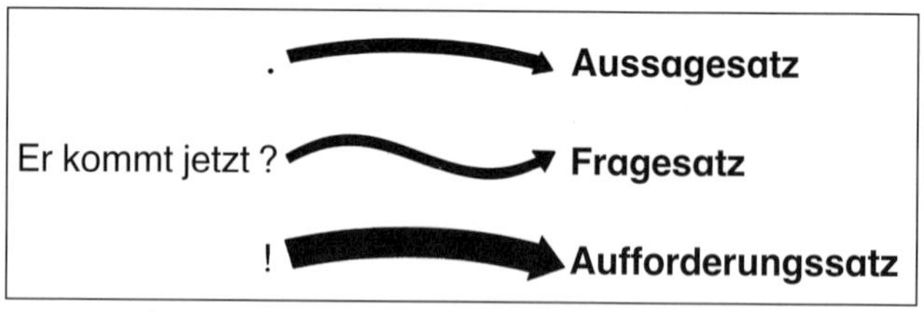


Sätze ohne Satzschlusszeichen dienen als Vertiefung. Um das Raten hier einzudämmen, sollen die Kinder die Sätze sprechen und jeweils Intonationsbögen dazumalen. Anschließend wird das Satzzeichen gesetzt und die Satzart notiert. Die Lösungen können durch Vorgaben im Klassenzimmer selbst kontrolliert werden. Die Differenzierungsaufgabe spricht die Verberststellung bzw. die Fragewörter (auch W-Wörter) an. Erstere ist ein Hinweis auf eine Entscheidungsfrage (mögliche Antwort ist ja/nein), zweitere sind Einleitungen zu Ergänzungsfragen, bei denen ein Geschehen nicht in Frage steht, sondern lediglich ein Aspekt wie Ort oder Zeit nicht bekannt ist. Ebenfalls differenzierenden Charakter hat die Partneraufgabe am Ende.

| Name: | **Satzschlusszeichen** | KV 39 |
|---|---|---|

# Satzarten wiederholen

Er kommt jetzt [.] / [?] / [!]

**Aussagesatz**

**Fragesatz**

**Aufforderungssatz**

# Satzzeichen fehlen

a) Gestern war schönes Wetter ☐ ______ ______

b) Wer hat das Geld gestohlen ☐ ______ ______

c) Räum sofort auf ☐ ______ ______

d) Ist es draußen kalt ☐ ______ ______

e) Katzen sind meine Lieblingstiere ☐ ______ ______

f) Möchtest du gern Tee ☐ ______ ______

g) Wo hast du dich versteckt ☐ ______ ______

h) Besuch mich doch mal ☐ ______ ______

1. Sprich die Sätze zuerst halblaut vor dich hin und male den richtigen Pfeil ins Kästchen.
2. Überlege,
   ob jemand etwas wissen will (Fragesatz)
   ob jemand etwas tun soll (Aufforderungssatz)
   ob etwas erzählt, behauptet oder festgestellt wird (Aussagesatz).
3. Notiere die Satzzeichen und die Satzart.
4. Für Schnellmerker: Fällt auf, welche Wörter bei *Fragen* am Anfang stehen?

______

Lösung: Verben oder Wörter mit einem W.

5. Ein Ratesatz für deinen Partner:

______ ☐

# 7.3.6 Komma bei Aufzählungen, *dass*

**Thema der Klasse 4**

## Sachanalyse

Die Kommasetzung zeigt wie andere Satzzeichenverwendung auch grammatische Gliederungen an und hilft damit Lesenden beim Erfassen des Inhalts von Sätzen. Aus den umfangreichen Kommatierungsregeln (vgl. § 71 bis 79 der amtlichen Regelungen) werden hier für die Grundschule nur die Aufzählungskommas und – auch wegen der Fehlergefährdung der Konjunktion – Nebensätze mit *dass* angesprochen.

Bei Aufzählungen (§ 71 (2)) grenzen Kommas gleichrangige Wörter oder Wortgruppen (seltener Teilsätze) voneinander ab. Sie ersetzen Konjunktionen wie *und* bzw. *oder: Häuser, Gärten und Straßen* (Wörter), *saftige Äpfel, süße Trauben und knackige Nüsse* (Wortgruppen, vgl. § 72). Bei *dass*-Sätzen liegen syntaktisch Nebensätze vor, die zu kommatieren sind (vgl. § 74), inhaltlich spricht man von „Inhaltssätzen" (Duden-Grammatik 1998, S. 738 ff.), weil sie den Inhalt der Hauptsatzaussage zum Ausdruck bringen. Bei Verben des Sagens, Denkens, Wahrnehmens drückt der *dass*-Satz das Gesagte, Gedachte, Wahrgenommene aus: *Sie meinte, dass sie zustimmen könnte.* Das verwechslungsgefährdete *das* ist sowohl bestimmter Artikel *(das Kind)* als auch Relativpronomen *(ein Kind, das ...)* als auch Demonstrativpronomen *(das habe ich nicht gewollt).* Es gehört wie *dass* zu den häufigsten deutschen Wörtern.

## Didaktischer Kommentar

MENZEL hat 1985 *daß/das* als das am häufigsten falsch geschriebene Wortpaar festgestellt. Die Fehlerquote liegt bei seiner Erhebung bei 9,2 %, wovon 8,6 % die fälschliche *das*-Schreibung betreffen. Für die Sekundarstufe nennt RIEHME (1987) 4,2 % (ebenso RIEHME/HEIDRICH 1970 nach PIIRAINEN 1981). Für die Grundschule gibt es Werte von knapp einem (vgl. REUTER 2002 für Klasse 3) bzw. 1,5 % (vgl. RISEL 1995 für Klasse 4). Auch bei den letzten beiden Untersuchungen dominierte die fälschliche *das*-Schreibung. Für die Kommasetzung in der Grundschule im Bereich der Aufzählung gibt es m.W. keine spezifischen Daten. Allerdings hat AFFLERBACH (1997) dokumentiert, dass Kinder im Verlauf der Grundschule (zu Beginn nicht) schon vor der unterrichtlichen Vermittlung Kommas setzen und Hypothesen entwickeln, nach welchen Kriterien dies zu tun sei. Für zwei fünfte Klassen im Saarland, wo das Aufzählungskomma schon in Klasse 4 Thema ist, konnte SCHMIDT (2002) bestätigen, dass dieser Unterricht Erfolg hatte. Die Zahlen und die Beobachtung, dass Kinder Komma-Hypothesen selbst entwickeln, rechtfertigen die Behandlung der beiden Kommatierungsbereiche in Klasse 4, allerdings in geringem zeitlichem Umfang, auch wenn Lehrpläne nicht (immer) auf die Lernprobleme eingehen. Die Hypothesen lassen sich nach AFFLERBACH (1997) und EICHLER/KÜTTEL (1993) wie unten zusammenfassen (vgl. RISEL 2002 b): Anknüpfen können wir dabei am selbst erworbenen Vor-Wissen der Kinder. Schülerhypothesen zur Kommasetzung sind (vgl. AFFLERBACH 1997, EICHLER/KÜTTEL 1993, BREMERICH-VOS 1999, S. 39 f.):

1. Bei spontanen Äußerungen und auf Nachfrage verweisen die Kinder auf die **Betonung** im Satz, auf **Sprechpausen**.
2. Sie nennen weiterhin die **„Portionierung"** von Basisaussagen (Propositionen): „da geht etwas Neues los"(EICHLER/KÜTTEL 1993, S. 39).
3. Kinder bringen das Erzeugen von **Spannung** ins Spiel und damit die Intention eines Textes.
4. Das Gliedern **zu langer Sätze** wird ebenfalls als Motiv von Kommatierung angeführt.
5. Manche Kinder haben bemerkt, dass Kommas in der Nähe von **Signalwörtern** stehen.

EICHLER/KÜTTEL (1993) plädieren im Gegensatz zu anderen für ein dreifaches Herangehen an die Zeichensetzung. Sowohl die Betonungsbögen als auch die Aussagengliederung und der Satzbau (hierzu gehören auch Signalwörter wie *dass*) sollten herangezogen werden. Spätestens für die Zeit nach dem Übergangsverfahren, also im letzten Viertel der Klasse 4, sollten Kommas und Signalwörter angesprochen werden, wenn das Abfassen der **Klassenzeitung** oder ähnliche Anlässe gegeben sind. Für **Aufzählungen** bietet sich die Arbeit mit **Prototypen** an, die analog angewendet werden sollten: *Zucker, Milch und Mehl.* Für Sätze mit *dass* sind viele konkrete Satzbildungen die Grundlage für sprachliche Beobachtungen, auch zur Zeichensetzung.

## Vorgehensweisen

⇒ Kopiervorlage 41 setzt an – teilweise irrealen – Schülerwünschen an und führt (auch) zur Bildung von *dass*-Sätzen. Aufgabe 3 fordert die Kinder auf, ihr Vorwissen zu Kommas offen zu legen. Die Kopiervorlage 40 zu Aufzählungskommas ist verbunden mit realen Schreibanlässen: „Tipps fürs Tippen" für die Abschlusszeitung am Ende der Grundschulzeit. Bei Fragen neugieriger Kinder könnte weiterhin die Kommasetzung zwischen Hauptsätzen an Beispielen so angesprochen werden: Ein Komma steht, wenn in einem Satz eigentlich zwei Sätze stecken.

| Name: | **Kommasetzung, dass** | KV 40 |
| --- | --- | --- |

# Schülerwünsche

Ich **wünsche** mir, dass IIIIIIIIII

Schön **wäre** es, wenn IIIIIIIIII

Ich **würde** am liebsten IIIIIIIIII

Ich **hätte** gerne, dass IIIIIIIIIIII

Sorgt dafür, dass IIIIIIIIIIII

Strafarbeiten mit dem Computer schreiben  Haare grün färben
Hausaufgaben vor dem Unterricht abschreiben
der Lehrerin einen Streich spielen
im Unterricht schlafen  keine Hausaufgaben geben
hitzefrei bekommen im Winter
Pommes in der großen Pause …

1. Schreibe die etwas verrückten Schülerwünsche auf.
   Benutze dabei verschiedene Satzanfänge!
   Wer findet eigene Satzanfänge und Wünsche?

2. Kontrolliere das Doppel-s bei ***da<u>ss</u>*** und das Komma durch Unterstreichen!

3. In vielen Sätzen stehen Kommas. Wann setzt du beim Schreiben welche?

| Name: | **Kommasetzung, dass** | KV 41 |
| --- | --- | --- |

# Tipps fürs Tippen

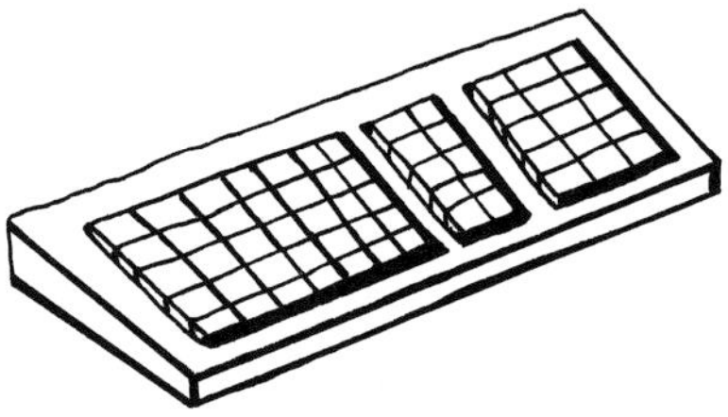

Damit eine Abschlusszeitung gerne gelesen wird, muss man einige Dinge beachten:

Punkt, Komma, Fragezeichen oder Ausrufezeichen schließen **direkt** an das Wort davor an.

So: Wir befragen auch unseren Hausmeister.

*Nicht* so: … ~~Hausmeister .~~

**Kommas bei Aufzählungen** setzt ihr nach diesem Muster:
*Äpfel, Birnen und Kirschen*

Bei einer Aufzählung ersetzt **und** ein Komma. Das gilt auch bei **oder**:
*Schokoküsse, Pizza oder Limonade.*

(1.) Was verstehst du unter Aufzählung? Erkläre es deinem Partner!

(2.) Schreibe mit Kommas auf und verbinde am Ende durch **und**:

*a) Für die Abschlussfeier brauchen wir …*
*fünf Tische zehn Bänke vier Kisten Limonade vier Brote 60 Würste*

*b) Wir unterhalten die Eltern durch … Sketche Lieder Gedichte*

(3.) Schreibe ebenso, verbinde am Ende aber mit **oder**:

*a) In den Obstsalat kommen … Äpfel Orangen Bananen Kiwis*

*b) Wir nehmen … mit. Zeitungen Zeitschriften Comics Bücher*

# 8 Literatur


**Adrion**, D. (1978): Praxis des Rechtschreibunterrichts, Freiburg.

**Afflerbach**, S. (1997): Zur Ontogenese der Kommasetzung vom 7. bis zum 17. Lebensjahr. Frankfurt. (= Theorie und Vermittlung der Sprache 26).

**Die amtliche Regelung der deutschen Rechtschreibung** (1996). In: Duden. Bd. 1. Die deutsche Rechtschreibung. Mannheim u.a. S. 861–910. (zitiert als „amtliche Regelung(en)").

**Augst**, G. (1989): Schriftwortschatz. Untersuchungen und Wortlisten zum orthographischen Lexikon bei Schülern und Erwachsenen. Frankfurt a.M. u.a.

**Augst**, G./Dehn, M. (1998): Rechtschreiben und Rechtschreibunterricht. Stuttgart.

**Balhorn**, H./Osburg, C.(2001): Qualitäten von Unterrichtsmaterialien – Kann man sie bestimmen? Ausgewählten Kriterien an drei Beispielen zum Lesen und Schreibenlernen. In: Balhorn, H. u.a. (Hg.): Betrachtungen über Sprachbetrachtungen. Grammatik und Unterricht. Seelze. S. 256–273.

**Belke**, G./Giambusso, G. (1999): Zweisprachige Alphabetisierung? Ja, aber koordiniert. In: Praxis Grundschule 3. S. 5–7.

**Berlyne**, D. E. (1974): Konfikt, Erregung, Neugier. Stuttgart.

**Betz**, D./Breuninger, H. (²1987): Teufelskreis Lernstörungen. München, Weinheim.

**Birck**, S. (1995): Schiri, Schizrichta oder Schiedsrichter? Beobachtungen zur morphematischen Orientierung in der Schreibentwicklung. In: Osnabrücker Beiträge zur Sprachtheorie 51. S. 85–96.

**Bremerich-Vos**, A. (1996): Kontroversen um die Namenwörter. In: Grundschule 1. S. 14–18.

**Bremerich-Vos**, A. (1999): Zum Grammatikunterricht in der Grundschule: wie gehabt, gar nicht, anders? In: Ders. (Hg.): Zur Praxis des Grammatikunterrichts. Mit Materialien für Lehrer und Schüler. Freiburg i. Br. S. 13–80.

**Broders**, W./Mann, C. (1994): Der Weg über die Grundform. In: Praxis Deutsch 124. S. 54–58.

**Duden-Grammatik** (⁶1998). Mannheim u.a.

**dtv-Atlas** s. König.

**Edelmann**, W. (³1993): Lernpsychologie. Eine Einführung. Weinheim.

**Eichler**, W. (1992): Schreibenlernen. Bochum.

**Eichler**, W./Küttel, H. (1993): Zur inneren Regelbildung im Erwerb der Zeichensetzung. In: Diskussion Deutsch 129. S. 35–44.

**Einsiedler**, W. (1997): Empirische Grundschulforschung im deutschsprachigen Raum. In: Unterrichtswissenschaft H. 4. S. 291–315.

**Faber**, G. (1992): Rechtschreibbezogene Selbsteinschätzungen im Zusammenhang von Schülerselbstkonzept und Schulleistung: Eine Untersuchung im vierten Grundschuljahr. In: Zeitschrift für Pädagogische Psychologie 6. S. 184–196.

**Fix**, M. (1994): Zur Geschichte und Praxis des Diktats. Frankfurt.

**Fleischer**, W./Barz, I (²1995): Wortbildung der deutschen Gegenwartssprache. Tübingen.

**Gage**, N./Berliner, D. (⁴1986): Pädagogische Psychologie. Weinheim und München.

**Gallmann**, P./Sitta, H. (1996 a): Handbuch Rechtschreiben. Zürich.

**Gallmann**, P./Sitta, H. (1996 b): Deutsche Grammatik. Zürich.

**Gorschlüter** (geb. Afflerbach), S. (2002): Die Aneignung schriftsprachlicher Formen, dargestellt an der Ontogenese der Kommasetzung. In: Röber-Siekmeyer, C./ Tophinke, D. (Hg.): Schrifterwerbskonzepte zwischen Sprachwissenschaft und Pädagogik. Baltmannsweiler. (= Diskussionsforum Deutsch Bd. 9) S. 226–232.

**Greil**, J. (1984): Rechtschreiben in der Grundschule. Donauwörth. (= Exempla Bd. 31)

**Grell, J./Grell, M.** (1979): Unterrichtsrezepte, München

**Hanke**, P. (2002): Interdisziplinäre Betrachtungen zur Bedeutung sprachlicher Strukturen beim Schriftspracherwerb. In: Tophinke, D./Röber-Siekmeyer, C. (Hg.): Schärfungsschreibung im Fokus. Baltmannsweiler. (= Diskussionsforum Deutsch Bd. 10) S. 56–70.

**Heckel**, B. (1980): Nach wie vor Fehlerschwerpunkt: die Groß- und Kleinschreibung. In: Deutschunterricht 7/8. S. 411–415.

**Klenck**, W. (1997): Das Wörterbuch beim Diktat?! Vom qualifizierten Zweifel zur richtigen Schreibweise. In: Praxis Deutsch 142. S. 34 f.

**Knapp**, W. (2000): Wissenschaftliche Analyse von Sprachbüchern für die Grundschule. (unveröffentl. Ms. PH Ludwigsburg)

**König**, W. (¹¹1996): dtv-Atlas zur deutschen Sprache. München. (zit. als dtv-Atlas)

**Maas**, U. (1992): Grundzüge der deutschen Orthographie. Tübingen.

**Mandl**, H. et al. (1986): Psychologie des Wissenserwerbs. In: Weidenmann, B./Krapp, A. (Hg.): Pädagogische Psychologie. München, Weinheim. S. 143–218.

**May**, P. (1990): Kinder lernen rechtschreiben: Gemeinsamkeiten und Unterschiede guter und schwacher Lerner. In: Brügelmann, H./Balhorn, H. (Hg.): Das Gehirn, sein Alfabet und andere Geschichten. Konstanz. S. 245–253.

**May**, P. (1993): Vom Umgang mit Komplexität beim Schreiben. In: Balhorn, H./Brügelmann, H. (Hg.): Bedeutungen erfinden – im Kopf, mit Schrift und miteinander. Konstanz. S. 277–289.

**Menzel**, W. (1978): Zur Didaktik der Orthographie. In: Praxis Deutsch 32. S. 14–24.

**Menzel**, W. (1985): Rechtschreibfehler – Rechtschreibübungen. In: Praxis Deutsch 69. S. 9–12.

**Menzel**, W. (1997): Diktieren und Diktiertes aufschreiben. In: Praxis Deutsch 142. S. 15–26.

**Mietzel**, G. (⁴1993): Psychologie in Unterricht und Erziehung. Göttingen u.a.

**Naumann**, C. L. (1989): Gesprochenes Deutsch und Orthographie. Frankfurt u.a.

**Naumann**, C. L. (2000): Grammatikalität de Orthografie. In: Balhorn, H. u.a. (Hg.): Betrachtungen über Sprachbetrachtungen. Grammatik und Unterricht. Seelze. S. 114–121.

**Nerius**, D. et al. (²1989): Deutsche Orthographie. Leipzig. (Mannheim ³2000)

**Nünke**, E./Wilhelmus, C.: „'Wandern' ist ein Wiewort und Wiewörter werden großgeschrieben." In: Röber-Siekmeyer, C./Tophinke, D. (Hg.): Schrifterwerbskonzepte zwischen Sprachwissenschaft und Pädagogik. Baltmannsweiler. (= Diskussionsforum Deutsch Bd. 9) S. 202–225.

**Oomen-Welke**, I. (1998): „... ich kann da nix!" Mehr zutrauen im Deutschunterricht. Freiburg.

**Oomen-Welke**, I. (2001): „Aufgaben kriegen, die man auch schaffen kann!" In: Pädagogik 12. 28–31.

**Piirainen**, I. T. (1981): Handbuch der deutschen Rechtschreibung. Bochum.

**Riehme**, J. (1987): Rechtschreiben. Frankfurt.

**Risel**, H. (1995): Konzepte der Rechtschreibdidaktik – kritische Sichtung vorliegender Ansätze und eigener Entwurf. Diss. PH Karlsruhe.

**Risel**, H. (1997 a): Bestandsaufnahme: Rechtschreibdidaktik. Bühl.

**Risel**, H. (1997 b): Rechtschreiben in der Grundschule. Neue Akzente setzen. In: Planung-Materialien-Praxis Grundschule. 10. Lfg. I.

**Risel**, H. (1997c): Tabu Ähnlichkeitshemmung. In: Grundschule 7/8. S. 44f.
**Risel**, H. (1999a): Können Kinder Wörter problemlos in Silben gliedern? In: Grundschule 7/8. S. 76f.
**Risel**, H. (1999b): Es darf nichts Falsches an der Tafel stehen? Anmerkungen zum Rechtschreibunterricht. In: Planung-Materialien-Praxis Grundschule. 16. Lfg. III.
**Risel**, H. (2000a): Dialekt und Orthographie: wo sind die Lernhilfen? In: Der Deutschunterricht 4. S. 87–90.
**Risel**, H. (2000b): Aufgaben zur Rechtschreibung – Beispiele für abwechslungsreiche und funktionale Übungen. In: Planung-Materialien-Praxis Grundschule. 17. Lfg. I.
**Risel**, H. (2000c): Das „Schülerverhalten" am Zeilenende. In: Praxis Schule 5–10. 5. S. 53–56.
**Risel**, H. (2001): Rechtschreibgespräche nach Gruppendiktaten. In: Schulmagazin 5 bis 10. 1. S. 13f.
**Risel**, H. (2002a): Zur Silbierkompetenz von Grundschulkindern. In: Tophinke, D./Röber-Siekmeyer, C. (Hg.): Schärfungsschreibung im Fokus. Baltmannsweiler. (= Diskussionsforum Deutsch Bd. 10) S. 71–84.
**Risel**, H. (2002b): „Dass" und Kommas in der Grundschule? In: Planung-Materialien-Praxis Grundschule 21. Lfg. II.
**Risel**, H. (2003a): Zur Vermittlung morphologischen Wissens in der Grundschule. (unveröffentl. Ms.)
**Risel**, H. (2003b): „Weil ich es immer falsch mache": Rückmeldebogen als Frühwarnsystem bei Rechtschreibschwierigkeiten. In: Praxis Grundschule 3. S. 32–34.
**Röber-Siekmeyer**, C. (1993): Die Schriftsprache entdecken. Weinheim und Basel. ($^3$1997).
**Röber-Siekmeyer**, C. (1999): Ein anderer Weg zur Groß- und Kleinschreibung. Leipzig u.a.
**Röber-Siekmeyer**, C. (2002): Prosodisch orientierte Untersuchungen zur Wahrnehmung von Schärfungswörtern von Kindern am Schulanfang. In: Tophinke, D./ Röber-Siekmeyer, C.(Hg.): Schärfungsschreibung im Fokus. Baltmannsweiler. (= Diskussionsforum Deutsch Bd. 10) S. 106–143.
**Scheerer-Neumann**, G. (1998): Schriftspracherwerb: „The State of the Art" aus psychologischer Sicht. In: Huber, L./Kegel, G/Speck-Hamdan, A. (Hg.): Einblicke in den Schriftspracherwerb. Braunschweig. S. 31–46.
**Spiegel**, U. (1999): Förderung der Rechtschreibleistung im 3./4. Schuljahr. Fallstudien zur Einführung selbstständiger Lern- und Arbeitsstrategien in den Unterricht. Augsburg.
**Staiber**, W. (1987): Die Morphem-Regel-Strategie. Ein didaktischer Neuansatz des Rechtschreibunterrichts auf kybernetischer Grundlage und seine empirische Überprüfung. Diss. Heidelberg.
**Steinig**, W./Huneke, H.-W.(2002): Sprachdidaktik Deutsch. Eine Einführung. Berlin.
**Stolla**, G. (1999): Mit Fehlerzählen ist es nicht getan. In: Praxis Deutsch 155. S. 30–35.
**Thomé**, G. (1999): Orthografieerwerb. Frankfurt u.a.
**Valtin**, R. (1987): Schwierigkeiten beim Erlernen des Schreibens und der Rechtschreibung. In: Eberle, G./Reiß, G. (Hg.): Probleme beim Schriftspracherwerb. Möglichkeiten ihrer Vermeidung und Überwindung. Heidelberg. S. 220–250.
**Valtin**, R. (1998): Erwerb und Förderung schriftsprachlicher Kompetenzen aus grundschulpädagogischer Sicht. In: Huber, L./Kegel, G./Speck-Hamdan, A. (Hg.): Einblicke in den Schriftspracherwerb. Braunschweig. S. 59–74.
**Walter**, J. (1999): Unterschiede in den Rechtschreibleistungen von Förder- und Hauptschülern sowie deren förderpädagogische Implikationen. In: Heilpädagogische Forschung 2.
**Weidenmann**, B. (1986): Psychologie des Lernens mit Medien. In: Weidenmann, B./Krapp, A. (Hg.): Pädagogische Psychologie. München, Weinheim. S. 493–554.
**Zeuke**, I. (1980): Verstöße gegen die Wort- und Formenbildung unter besonderer Berücksichtigung der Klassenstufe 5. In: Deutschunterricht 7/8. S. 419–422.

## Unveröffentlichte wissenschaftliche Hausarbeiten, Pädagogische Hochschule Karlsruhe:

**Hofmann**, K. (1999): Silbierkompetenz als Grundlage von Sprachunterricht in der Grundschule – eine empirische Studie.
**Kiefer**, J. (2002): Die Förderung rechtschreibschwacher Kinder der Klasse 2 im Bereich der Großschreibung von Substantiven
**Kretschmer**, S. (2002): Rechtschreibprobleme und Möglichkeiten ihrer Beseitigung im Grundschulunterricht der 3./4. Klasse (Konsonantendopplung mit „tz" und „ck").
**Reuter**, J. (2002): Analyse von Rechtschreibfehlern einer 3. Klasse.
**Schmidt**, L. (2002): Kommasetzungskompetenz – Untersuchung in zwei 5. Klassen einer Erweiterten Realschule im Saarland.
**Vogt**, S. (2002): Weniger Fehler durch die Rechtschreibreform? Analyse von Schülerdiktaten und Sichtweisen von Fachlehrern.